Y²
6670.

I0168663

LA JEUNESSE DU ROI HENRI

Magnifique roman

PAR PONSON DU TERRAIL

Jules ROUFF et Cⁱᵉ, éditeurs, 14, Cloître Saint-Honoré, PARIS

LA JEUNESSE DU ROI HENRI

Par PONSON DU TERRAIL

Jules ROUFF et Cⁱᵉ, éditeurs, 14, Cloître Saint-Honoré, PARIS

1ʳᵉ Livraison gratuite

LA JEUNESSE DU ROI HENRI

PREMIÈRE PARTIE

LA BELLE ARGENTIÈRE

Un soir du mois de juillet de l'année 1572, deux cavaliers galopaient sur la route qui conduit de Pau à Nérac.

C'étaient deux jeunes gens, et leur moustache naissante annonçait qu'ils touchaient à peine à la vingtième année. L'un était brun, l'autre blond ; le premier portait ses cheveux noirs de jais très ras, le second laissait flotter sur ses épaules une profusion de boucles dorées.

A demi tournés sur leur selle et penchés l'un vers l'autre, les deux cavaliers causaient à mi-voix.

— Noë, mon bel ami, disait le cavalier brun, sais-tu bien que c'est une charmante chose que voyager ainsi par une tiède nuit d'été, sur une route silencieuse et déserte, en pressant les flancs d'un vigoureux petit cheval béarnais plein d'ardeur ?

Le jeune homme blond se prit à rire :

— Savez-vous, Henri, dit-il, que c'est surtout charmant de voyager ainsi quand on a quitté Nérac à la nuit close et qu'on se dirige vers un joli castel dont une fenêtre doit s'ouvrir pour vous à minuit ?

— Chut ! indiscret...

— Vous l'avez dit, Henri, la route est déserte ; et d'ailleurs, convenez-en, mon prince, vous ne m'avez parlé de la fraîcheur de la nuit que pour arriver à me parler d'*elle*...

— Mais, tais-toi donc, bavard !

— Bah ! continua le jeune homme blond, que je perde mon nom d'Amaury et que le sire de Noë mon père soit déclaré de mauvaise lignée, si vous ne brûlez depuis une heure, mon gentil seigneur, de m'entendre prononcer le nom de Corisandre.

— Noë! Noë! murmura le cavalier brun, tu es le plus détestable confident qui soit de Pau à Nérac et de Paris à la Rochelle. Tu jettes les noms aux échos du chemin, ce qui est de la dernière imprudence.

Le jeune Amaury de Noë riait silencieusement dans sa blonde moustache.

— Car tu ne sais pas, poursuivit celui qu'il avait appelé Henri, et qu'il traitait avec une familiarité respectueuse, combien un mari jaloux a l'oreille fine. C'est pour lui que la fable du roi Midas aurait dû être inventée. Creuse un trou dans la terre et dis tout bas : « Ce pauvre comte de Gramont a une femme du nom de Corisandre qui... » Avant que tu aies rebouché ton trou, un souffle de vent aura passé dans les feuilles d'un arbuste voisin, pris tes paroles sur son aile et les aura portées à ce pauvre comte.

— Ah! dit le jeune blond, voilà précisément où j'en voulais venir.

— Comment! drôle, tu voudrais...?

— Je voudrais bien vous faire avouer, Henri, que vous êtes de la dernière témérité.

— Bah!

— Vous l'avez échappé belle deux fois. Un soir le comte est entré chez sa femme et vous êtes demeuré caché pendant plus d'une heure dans les plis d'un rideau. Une autre fois, vous avez passé la nuit dans les branches d'un saule.

— C'était en été, j'ai dormi sur une branche.

— Savez-vous bien, Henri, que le comte, qui est aussi jaloux que laid, vous ferait assassiner, tout prince que vous êtes, s'il n'avait le courage de vous planter sa dague en plein cœur?

— Noë, mon mignon, répondit le cavalier brun, t'a-t-on jamais narré les contes de mon aïeule, Mme Marguerite de Navarre?

— Certainement; pourquoi?

— Il en est un qui renferme une très belle moralité sur l'amour : « L'amour, disait la reine Marguerite, est un pays enchanté quand on y parvient par un chemin rude, escarpé, semé d'obstacles et d'embûches. Le jour qu'on s'amuse à frayer un beau chemin tout droit pour y parvenir, ce n'est plus qu'un lieu malplaisant et de médiocre attrait. »

— Voilà, dit naïvement Amaury de Noë, une chose que je ne comprends pas très bien.

— Attends, tu vas voir.

Le cavalier brun donna un coup d'éperon à son cheval et poursuivit :

— Mme Marguerite, mon aïeule, parlait par figures de rhétorique, allusions et métaphores. Le chemin escarpé, vois-tu, c'est le mari jaloux, c'est la fenêtre qui s'ouvre à minuit, c'est la dague des estafiers qui nous menace au coin d'une rue sombre, c'est la nuit d'été qu'on passe à cheval sur la branche d'un saule.

— Bon! je comprends.

— La grande route bien frayée, c'est l'absence de tout cela; c'est la femme chez qui on entre en plein jour avec ses éperons, laissant son cheval à la porte, qui vous appelle son mignon tout haut et ne vous refuse rien de ce qu'on serait heureux d'obtenir par larcin.

— Ainsi, interrompit Noë, vous n'aimez pas la grande route?

— Moi, fit dédaigneusement le cavalier brun, si jamais le diable permet que Gramont soit occis en un combat et que Corisandre me fasse ouvrir à deux battants la porte de son petit castel...

— Eh bien? demanda Noë.

— Je lui ferai répondre que je n'aime point un logis où on n'entre plus par la fenêtre, et que du moment où je vais chez ma belle en plein jour, j'ai peur de découvrir une ride au front, voire même une taie sur l'œil.

— Amen! murmura Amaury.

— A propos, reprit celui qu'il appelait Henri, tu sais que c'est la dernière fois que nous allons à Beaumanoir?

— Est-ce que vous n'aimez plus Corisandre!

— Mais si... toujours un peu.

— Alors?...

— C'est que nous partons demain.

— Nous partons? fit Noë avec surprise en regardant son interlocuteur.

— Demain matin... Tu viens avec moi, et tu seras mon frère d'armes.

— Oui, certes. Mais où allons-nous?

— Je te le dirai en sortant de chez Corisandre.

Au moment où Henri prononçait ces derniers mots, son cheval qui, sans doute, était habitué à faire chaque soir le même chemin, se jeta brusquement à gauche de la voie battue et prit un petit sentier qui courait sur l'herbe à travers un taillis de chênes que traversait la route. Il s'allongeait jusqu'au pied de la colline au flanc de laquelle se dressait un joli castel, de structure toute récente, et qu'on appelait Beaumanoir.

Beaumanoir était le but de la course nocturne des deux jeunes gens.

Cependant, à peu près à mi-chemin de la route au manoir, il s'arrêtèrent, après avoir quitté le sentier qu'ils suivaient pour se jeter dans un fourré très épais de chênes et de hêtres. Là, le cavalier brun mit pied à terre et donna sa bride à son compagnon.

— Henri, dit ce dernier, soyez prudent, je vous en supplie.

— Je le serai; ne crains rien.

— Rappelez-vous que s'il n'est point permis de fuir sur le champ de bataille, on peut toujours le faire quand il est question de galanterie, ajouta le jeune homme.

— Noë, dit le cavalier brun, tu deviens insupportable avec ta morale; bonsoir...

Il s'enveloppa dans le manteau court qu'il portait, rabattit son chapeau orné d'une plume blanche sur ses yeux, s'assura qu'une jolie dague qu'il portait au flanc jouait dans sa gaine; puis il s'élança hors du fourré et se prit à courir à travers les taillis avec la légèreté d'un chevreuil.

Un quart d'heure après il arrivait sous les murs du petit castel.

Beaumanoir n'était point une sombre demeure du moyen âge, dominée par un beffroi, ceinte de tours épaisses et crénelées, entourée de fossés profonds.

C'était moins un château qu'une jolie maison de campagne située à trois

lieues de Nérac et dont les habitants paraissaient peu se soucier des moyens de
défense usités en ces temps de guerre civile et de troubles politiques. Une solide
porte en chêne ferrée et deux gros chiens des Pyrénées, c'était là tout ce qui
pouvait empêcher les voleurs et les ennemis de pénétrer à l'intérieur.

Le cavalier brun déboucha à vingt mètres de la façade principale par une
charmille épaisse; puis, au lieu de passer outre, il s'arrêta, posa deux doigts
sur sa bouche, et fit entendre un coup de sifflet semblable à celui des bergers qui
fréquentent les hauts pâturages et s'appellent entre eux la nuit. Puis, le coup
de sifflet donné, il se rejeta dans les massifs d'arbres qui entouraient le château,
se coucha à plat ventre, et attendit, les yeux fixés sur le castel, à l'intérieur
duquel tout le monde dormait sans doute, car aucune lumière ne brillait sur sa
façade.

Quelques minutes s'écoulèrent, puis une clarté fugitive se montra au premier
étage d'une tourelle, et, rapide comme un météore, s'éteignit presque aussitôt.
Alors notre héros se leva, et marchant avec une précaution extrême, en rasant
toujours les arbres, il fit le tour de l'édifice, et s'arrêta au pied de la façade
méridionale, celle qui regardait la montagne. Au même instant, un énorme chien,
couché au dehors sur le gazon, bondit vers lui, l'œil enflammé, la gueule béante
et prêt à faire entendre un hurlement de fureur.

— Tais-toi, Pluton, dit le jeune homme à voix basse, c'est moi.

Le chien reconnut sans doute le nouveau venu; il lui lécha la main, agita
la queue en signe de contentement et alla se recoucher tranquillement. En
même temps, le volet d'une fenêtre s'ouvrait discrètement au-dessus de la tête
du jeune homme et une échelle de soie tombait à ses pieds. Le cavalier brun
la prit lestement à deux mains et, avec l'agilité d'un chat, il s'éleva jusqu'à
la croisée qui venait de s'ouvrir. Au moment où il atteignit l'entablement,
deux bras parfumés et blancs comme neige l'enlacèrent doucement, l'attirèrent
à l'intérieur, remontèrent l'échelle qui pendait le long du mur, et le volet se
referma.

— Ah! cher Henri..., murmura une voix fraîche et jeune, comme vous
venez tard ce soir!...

Le compagnon d'Amaury de Noë se trouvait dans un joli réduit décoré du
nom d'oratoire, mot qui, à cette époque, signifiait à peu près un boudoir. Une
lampe d'albâtre y projetait un jour mystérieux, éclairant des tableaux de l'école
italienne, des bronzes florentins, un tapis tissé en Orient et de grands sièges
de chêne merveilleusement sculptés. Dans un de ces sièges la fée du logis vint
se rasseoir après avoir refermé prudemment son volet et retiré son échelle.
Le jeune homme s'agenouilla devant elle et lui prit les deux mains.

C'était une femme de vingt-quatre à vingt-cinq ans peut-être, blonde
comme une madone de Raphaël et blanche comme un lis, une fleur du Nord
transportée sous le ciel brûlant du Midi; un démon à l'œil bleu dont le sourire
moqueur défiait les lèvres rouge* des Béarnaises et leur hautaine attitude. La
femme devant laquelle notre héros venait de s'agenouiller se nommait Diane-
Corisandre d'Andouins, comtesse de Gramont.

— Diane, ma belle Diane, murmura l'adolescent en portant les mains blanches et parfumées de la comtesse à ses lèvres, pourquoi froncez-vous ainsi vos sourcils blonds et me regardez-vous avec courroux, en me reprochant d'arriver trop tard?

— Mais, répondit-elle en souriant, et étendant sa main vers un coin de l'oratoire, regardez l'horloge, Henri, mon mignon : il est deux heures du matin.

— C'est vrai, mon amour. Noë me le payera; c'est lui qui me fait toujours attendre.

La comtesse laissa tomber un tendre regard sur le jeune homme.

— Ah! dit-elle, c'est que vous ne pensez pas, Henri, que nous sommes en plein mois de juillet, et qu'il est jour à trois heures du matin. Songe donc, mon bien-aimé, que ta Corisandre serait perdue si on te rencontrait au point du jour dans les environs de Beaumanoir... Il me tuerait..., ajouta-t-elle tout bas.

— Oh! par exemple! fit le jeune homme, dont l'œil eut un éclair de fierté, ne suis-je pas là, moi?

— Je lui appartiens, soupira-t-elle en baissant la tête, et s'il avait le moindre soupçon, ah! je te le jure, Henri, tout prince que tu es, il serait homme à t'assassiner.

Henri se prit à rire.

— Tu oublies donc le dieu qui veille sur nous, Diane, le dieu des amours?

Il lui prit la tête à deux mains et lui mit un baiser sur le front. Puis, avec un accent de tristesse :

— Ma pauvre Diane, continua-t-il, tu ne sais donc pas que je viens te faire mes adieux pour un grand mois?

— Tes adieux!... Es-tu fou, Henri? s'écria la comtesse avec une sorte d'effroi.

— Hélas! non, mon amie.

— Mais c'est impossible!... pourquoi des adieux?...

— Je pars, je quitte Nérac. Ma mère le veut et l'ordonne.

— Mais où vas-tu? mon Dieu! exclama Diane d'Andouins, pâle et frémissante..., où vas-tu, Henri?

— A Paris, à la cour de France.

— Oh! n'y allez pas, Henri, n'y allez pas! s'écria la comtesse vivement; n'y allez pas! répéta-t-elle avec une sorte d'effroi. Vous êtes huguenot, mon cher prince, et il vous arrivera malheur.

— Folle! dit Henri de Navarre. D'ailleurs, ajouta-t-il, tranquillisez-vous, ma chère Diane, je vais à Paris *incognito*. Dans quel but? je l'ignore. La reine ma mère me remettra demain un pli cacheté que je ne dois ouvrir qu'à Paris. Tout ce que je sais, c'est que je pars sans escorte, avec Noë pour seul compagnon, et que je dois loger à Paris, dans la rue Saint-Jacques, proche la Cité, à l'hôtellerie du Lion d'Argent, qui est tenue par un Béarnais du nom de Lestacade.

— Et vous serez de retour dans un mois, mon mignon?

— Ma mère me l'a dit.

La comtesse était toute rêveuse.

— Ce voyage est bien étrange, murmura-t-elle, et certainement il a quelque but politique que ni vous ni moi ne soupçonnons encore, mon cher Henri.

— Diane, ma toute belle, dit le jeune prince, laissez-moi vous fermer la bouche avec un baiser. Nous n'avons plus qu'une heure à passer l'un près de l'autre. Si vous vous mettez martel en tête et vous désolez ainsi à propos de mon voyage, nous perdrons le temps qui nous reste...

— C'est juste, dit-elle.

Et les deux amoureux échangèrent les serments les plus doux et les plus solennels, et cette heure qui leur restait fut employée par eux à se faire les plus douces promesses. Enfin, une légère clarté blanchâtre pâlit l'horizon, et, comme Roméo abandonnant Juliette, Henri de Navarre se leva et dit :

— Diane, voici le jour.

Elle l'enlaça de ses bras, lui fit renouveler pour la centième fois depuis une heure le serment qu'il lui faisait de revenir au plus vite et de l'aimer toujours, puis elle lui dit :

— Écoute, Henri, mon mignon, tu n'es jamais allé à Paris ?

— Mais si, à l'âge de huit ans.

— C'est comme si tu n'y étais jamais allé. Tout prince que tu es, tu ne seras à l'abri ni des embûches ni des séductions, et, précisément parce que tu y vas incognito, besoin vous sera, mon cher seigneur, d'avoir des amis sûrs.

— J'ai Noë.

— Noë est un étourdi, aussi neuf que tu le seras toi-même à Paris. Je veux te bailler une bonne lettre qui pourra bien t'être utile.

— Et pour qui cela, ma mie ?

— Pour un bourgeois qui demeure dans la rue aux Ours, et dont la femme a été élevée avec moi dans le manoir tourangeau où je suis née. Vois-tu, Henri, mon seigneur, l'on a plus souvent besoin des petits que des grands, et le brave bourgeois à qui je vais te recommander m'est dévoué jusqu'à la mort; il se fera tuer pour toi s'il sait que je t'aime, et si tu vides ton escarcelle un peu trop vite, il te prêtera de l'argent, non point à la manière des lombards et des juifs, mais sans en vouloir tirer profit.

— Il est donc riche, ce bourgeois ?

— Comme un grand seigneur qui ne fait point la guerre. C'est un joaillier-orfèvre qu'on appelle Loriot.

— Eh bien, dit Henri, baillez-moi cette lettre, ma mie, et je l'irai voir, ne fût-ce que pour l'entendre me parler de vous.

— Quand partez-vous, Henri ?

— Je dois me mettre en route au coucher du soleil.

— Eh bien! dans la journée un de mes serviteurs se présentera au château de Nérac, et il vous portera ma lettre. Adieu, mon mignon, partez..., voilà le jour !

Diane d'Andouins, comtesse de Gramont, rouvrit alors sans bruit les volets de l'oratoire, se pencha au dehors pour s'assurer que les alentours du

DÉPÔT LÉGAL
Seine
1897

... Ils virent l'amazone se retourner sur sa selle, allonger le bras et lâcher un coup
de pistolet .. (P. 12.)

château étaient déserts et toujours silencieux, puis elle attacha de nouveau et
noua solidement de ses blanches mains l'échelle de soie.

— Adieu, répéta Henri, adieu!

Le jeune prince s'élança sur l'entablement de la croisée, donna un dernier
baiser, sentit une larme brûlante qui tomba des yeux bleus de la belle Diane sur
sa main, posa un pied sur l'échelle et disparut.

II

Huit jours après, le jeune prince Henri de Navarre et son compagnon Amaury de Noë chevauchaient à la nuit tombante au bord de la Loire, le long d'un chemin assez étroit qui courait à mi-côte entre le fleuve et les collines couvertes de bois et de vignobles. Les deux jeunes gens ne montaient plus, comme le soir où ils allaient au petit castel de la comtesse de Gramont, de fringants chevaux de race andalouse, mais bien de solides percherons au trot lourd et vigoureusement charpentés pour la fatigue d'une longue route.

Henri de Navarre s'en allait à Paris, muni des instructions secrètes de Mme Jeanne d'Albret, sa mère, instructions renfermées en un pli qu'il ne devait ouvrir qu'à Paris. Il emportait en outre la lettre de la belle Corisandre pour son amie d'enfance, la femme de l'argentier.

Les deux cavaliers cheminaient depuis le matin. Ils avaient couché à Tours la veille et en étaient repartis au point du jour, formant la résolution d'arriver jusqu'à Blois; mais, soit qu'ils fussent partis trop tard, soit qu'ils se fussent arrêtés trop longtemps, vers le milieu du jour, dans une auberge isolée sur la route, la nuit allait les prendre bien avant qu'ils eussent aperçu dans le lointain la cathédrale de la ville de Blois. Le temps était orageux, le ciel obscurci par des nuages noirs qui ne pouvaient tarder à crever, et que par instants sillonnaient de nombreux éclairs.

— Allons! Henri, dit Noë, qui marchait silencieusement depuis quelques instants, pressez votre cheval, mon prince. L'orage va nous devancer. Et quel orage! je sens ma grosse jument percheronne trembler de peur sous moi.

— Bah! répondit le prince, tu es cavalier, Noë, mon ami, tu réduiras ta monture.

— Oui; mais je n'aime pas à me mouiller.

— Les pluies d'été sont rafraîchissantes. D'ailleurs nos chevaux sont rendus.

Un coup de tonnerre qui fit cabrer le cheval du prince l'empêcha de continuer. En même temps, de larges gouttes de pluie commencèrent à tomber.

— C'est que, reprit Noë, dont la jument avait peur de plus en plus, j'ai beau regarder devant moi, je n'aperçois ni clocher ni tuyau de cheminée.

— Mais moi, répondit Henri, je vois venir un homme à cheval.

— Moi aussi; mais un homme n'est point une maison: on ne s'abrite pas dessous.

Un second coup de tonnerre se fit entendre, et, à la lueur de l'éclair, les deux jeunes cavaliers aperçurent fort distinctement le cavalier signalé. C'était un paysan en sarrau bleu, monté sur une mule, trottant bon train et paraissant se soucier de l'orage comme un soudard de philosophie et de belles-lettres.

— Hé! l'ami, lui cria Noë au moment où il arriva sur eux.

Le paysan s'arrêta et ôta respectueusement son bonnet de laine.

— Sommes-nous loin de Blois?

— Encore cinq lieues, vos seigneuries.

— Sommes-nous près d'un village?

— Oh! nenni! il n'y en a pas jusqu'à Blois.

— Mais enfin, il y a une maison quelque part?

— Oui, une auberge à deux lieues d'ici.

— Pas avant?

— Non, messeigneurs.

— Eh bien! fit gaiement Henri de Navarre, Noë, mon ami, il faut faire contre fortune bon cœur : nous serons mouillés.

— Ah! répondit le paysan, si c'est pour vous mettre à l'abri de la pluie, c'est différent.

— Comment cela?

— Il y a près d'ici, à un quart d'heure de marche, là-bas au tournant de la côte et tout au bord du chemin, une grande roche creuse sous laquelle vous et vos chevaux tiendrez à l'aise.

— Tu crois?

— Pardine! les jours de fête on y danse!

Henri jeta un écu au paysan et piqua son cheval. Moins d'un quart d'heure après, et comme déjà l'obscurité devenait profonde, les deux jeunes gens atteignirent l'endroit dont leur avait parlé le paysan. C'était, en effet, une sorte de caverne spacieuse, s'ouvrant au bord du chemin qui surplombait la Loire en ce lieu, et, guidé par la lueur d'un éclair, Noë y entra le premier sans avoir besoin de mettre pied à terre. Henri l'imita.

Presque aussitôt l'orage éclata avec une violence inouïe. Les coups de tonnerre et les éclairs se succédèrent sans interruption, illuminant la vallée de la Loire et réveillant tous les échos endormis. Les deux cavaliers avaient attaché leurs chevaux au fond de la grotte, la tête tournée vers les rochers afin qu'ils ne vissent pas les éclairs. Puis ils s'étaient assis sur un amas de feuilles et de branchages entassés là, sans doute, par les pâtres et les vignerons.

— Oui, murmura Noë après un silence, cette roche me paraît beaucoup plus belle que les lambris du château de Nérac. Convenez-en, Henri, et si nous avions seulement ici un quartier de venaison et une gourde remplie de vin blanc, je me moquerais de l'orage.

— Moi, soupira Henri, si j'avais seulement la main blanche de Corisandre dans la mienne!

Noë sifflotta un air moqueur du bout des lèvres et ne commenta point ce regret amoureux du jeune prince. Mais tout à coup, au bruit du tonnerre et de la pluie qui tombait par torrents, un autre bruit se mêla, et les deux jeunes gens se levèrent avec précipitation de leur couche de feuilles mortes. On entendait sur la route qu'ils venaient de parcourir le galop de plusieurs chevaux, galop précipité, furieux, et qu'une cause plus pressante que l'orage semblait accélérer encore. Les éclairs se succédaient alors avec une rapidité telle, que la route, le fleuve, les collines environnantes, semblaient illuminés comme en plein jour.

Henri de Navarre et Noë, qui s'étaient placés sur le bord de la grotte, virent alors une femme à cheval qui cinglait les flancs de sa monture à coups de cravache et qui passa devant eux plus rapide que cette foudre du ciel à la lueur de laquelle elle galopait. Derrière elle, à trois pas de distance, un cavalier s'efforçait de la gagner de vitesse, lui criant, avec un accent italien bien prononcé :

— Oh! cette fois, tu ne m'échapperas pas, la belle!

Les deux jeunes gens entendirent un cri de détresse, puis, en même temps, ils virent l'amazone se retourner sur sa selle, allonger le bras et lâcher un coup de pistolet dont la détonation se mêla au bruit du tonnerre. Soudain, le cheval du cavalier qui la poursuivait se cabra, volta sur ses pieds de derrière et tomba lourdement à la renverse, entraînant son maître dans sa chute. L'amazone fouetta de nouveau sa monture et disparut comme une vision dans l'éloignement et les ténèbres. Tout cela avait été si rapide, si inattendu, que le prince de Navarre et son jeune compagnon étaient demeurés stupéfaits et n'avaient pas même songé à intervenir.

Cependant, quand ils virent le cavalier démonté se relever sain et sauf de dessus le cadavre pantelant de son cheval, Noë ne put réprimer un grand éclat de rire. Le cavalier était à trois pas de la grotte; l'éclat de rire guida son regard et un éclair lui montra les deux jeunes gens tranquillement arrêtés sous la roche protectrice. En même temps, dans le fond de la grotte, il aperçut les chevaux.

— Ah! par la Madone! s'écria-t-il, ceci est un coup de fortune.

Et sans songer à s'irriter de l'éclat de rire moqueur, il s'avança vers les deux jeunes gens et les enveloppa de ce regard rapide et sûr d'un homme expérimenté dans la vie.

Le jeune prince et son compagnon étaient vêtus plus que simplement. Leur pourpoint de gros drap, leur feutre sans plumes et leurs bottes à entonnoir donnèrent le change au cavalier démonté. Il crut avoir affaire à de petits gentillâtres, cadets de famille, allant à Paris chercher fortune. Aussi vint-il à eux la tête haute, le regard insolent et protecteur.

— Ah! morbleu! vous avez des chevaux, mes jeunes drôles...

Henri de Navarre et Noë le regardèrent.

C'était un homme d'environ quarante ans, de haute taille, vêtu comme un gentilhomme de marque. Son teint olivâtre, sa mine hautaine, son regard cruel et moqueur à la fois, indiquaient un de ces Italiens que la reine mère, Catherine de Médicis, avait amenés à sa suite et qui s'étaient si rapidement enrichis à la cour de France.

— Certainement, répondit Henri de Navarre d'un ton non moins hautain, nous avons des chevaux, mon gentilhomme; nous sommes, en cela, plus heureux que vous, qui n'en avez plus.

— Aussi, répartit l'inconnu, je compte bien que vous allez m'en céder un.

— Plaît-il? fit le prince.

— Il faut à tout prix que je rejoigne cette femme, continua l'Italien.

— Ce sera difficile...

— Vos chevaux sont bons, je suppose?

— Sans doute. Mais nous les gardons...

Un sourire plein d'insolence glissa sur la lèvre de l'Italien.

— Quand vous saurez qui je suis, dit-il, vous ne refuserez certainement pas de me vendre l'un de ces animaux.

— Bah! seriez-vous roi de France, par hasard? demanda Noë d'un ton moqueur.

— Mieux que cela, mes drôles.

— Ma foi! ricana Henri à son tour, au-dessus du roi de France je ne vois que le pape. Seriez-vous le pape?

— Non, mais je suis le favori de Mme Catherine de Médicis.

— Hein! fit le prince, qui s'amusait beaucoup des airs importants du cavalier, c'est un peu moins que le roi.

— Mes petits hobereaux, fit l'Italien à bout de patience, je n'ai pas le temps de parlementer. Choisissez... ou me vendre un de vos chevaux... je le payerai ce que vous voudrez...

— Oh! dit Noë, les favoris de la reine s'enrichissent à ce métier, nous savons cela. Vous devez avoir l'escarcelle ronde, mon gentilhomme.

— Ou, continua l'inconnu, voir en moi l'ennemi qui vous fera rouer vifs un de ces jours.

Henri et Noë répliquèrent par un éclat de rire moqueur. Alors l'Italien, exaspéré, tira son épée et ajouta:

— Ou encore jouer avec moi de cet outil, messeigneurs.

— Tiens, dit le prince, cela me va! Aussi bien voici depuis longtemps que je n'ai fait un peu d'escrime, et cela me dégourdira le poignet.

Et, comme l'Italien, Henri de Navarre mit flamberge au vent.

— Ah! pardon, Henri, dit Noë qui l'imita et s'interposa sur-le-champ, c'est à moi de commencer avec monsieur.

— Non pas! répondit le prince, c'est à moi.

— Mais...

— Allons! dépêchons, fit l'inconnu avec impatience. Il y en aura pour tous deux, mes jeunes coqs. On me nomme René le Florentin, et je suis maître d'armes.

— Moi, dit Henri de Navarre, qui écarta Noë, je suis un assez bon élève.

Et il croisa le fer avec l'Italien, qui fondait sur lui l'épée haute. Noë, un peu ému, se retira à l'écart.

Le Florentin n'avait point menti, il était maître d'armes, et, dès le premier engagement, le fils de Jeanne d'Albret s'en aperçut. Mais ce dernier avait pour lui la jeunesse, l'élasticité des membres, un courage bouillant et une présence d'esprit merveilleuse.

Le combat ne pouvait être long entre gens qui maniaient si hardiment l'épée. A la troisième passe, le Florentin voulut essayer de ce jeu profondément perfide auquel la tradition a donné le nom de *jeu italien*. Il se prit à bondir, à ramper, poussant des cris, s'accroupissant sur les talons pour se redresser et bondir encore, et ne présentant jamais à l'épée de son adversaire que le crâne et le genou.

Heureusement pour Henri de Navarre, le feu roi Antoine de Bourbon, son père, avait fait la guerre en Italie, et, comme il avait été le professeur d'escrime de son fils, il lui avait montré dans ses moments perdus comment on se défendait d'un adversaire milanais ou florentin. Aussi le jeune prince, qui, lui, restait silencieux, se gardait-il bien d'attaquer. Tout entier à la parade, il laissa le Florentin s'escrimer, se lasser, et attendre l'instant favorable pour exécuter cette fameuse *glissade* qui est comme le couronnement du jeu terrible qu'il jouait. Mais le prince avait prévu le coup, et, au moment où l'Italien se fendait à fond, il faisait un bond de côté, revenait sur lui avant que ce dernier, dont l'épée n'avait rencontré que le vide, eût eu le temps de se relever, et lui déchargeait un coup de pommeau sur la tête, en disant :

— Voilà ma riposte, et elle est bonne !

L'Italien poussa un gémissement et s'affaissa sur lui-même comme s'il eût été frappé de la foudre. Noë accourut.

— Oh ! lui dit Henri, tranquillise-toi, mon mignon, ce n'est rien. Il n'est pas mort... un coup de pommeau ne tue point, il étourdit. Dans une heure le drôle retrouvera ses esprits.

Les deux jeunes gens se penchèrent sur le Florentin, et Noë lui mit une main sur le cœur. Le cœur lui battait.

— Il est évanoui, voilà tout, ajouta le prince.

— Henri, dit Noë, vous avez entendu son nom ?

— Oui, c'est René le Florentin.

— Le parfumeur de la reine mère, Henri ?

— Précisément.

— Un méchant homme, Henri, et dont la mort, je vous jure, serait fort agréable à Dieu.

— Alors, s'il en est ainsi, je regrette de ne l'avoir point tué.

— Il n'y a pas de temps perdu, mon prince.

— Hein ? fit Henri.

— Je vais lui passer mon épée au travers du corps, si la besogne vous répugne.

— Fi ! Noë ! un homme par terre, un homme évanoui !

— Une vipère qu'il faut écraser quand on la rencontre.

— C'est possible, mais la vipère qu'on écrase peut mordre au talon, et un homme évanoui ne mord pas.

— Henri, Henri, murmura le jeune Amaury Noë, tenez, j'ai d'horribles pressentiments.

— Lesquels, Noë, mon mignon ?

— J'ai le pressentiment que cet homme à qui vous voulez laisser la vie jouera un terrible rôle dans votre destinée.

— Bah !

— Un rôle funeste et fatal, Henri, et qu'un jour vous vous repentirez amèrement de ne lui avoir point enfoncé votre rapière en plein cœur.

— Tu es fou, Noë.

— Non, mon prince, non. Il me semble que je lis dans l'avenir en ce moment.

— Tu as tort, répondit froidement le prince.

— Vous croyez?

— Sans doute, car il vaut toujours mieux lire dans le passé que dans l'avenir.

— Pourquoi?

— Parce que le passé t'apprendra que je me nomme Henri de Bourbon, descendant direct du roi saint Louis, répondit froidement le prince, et que je ne suis point de ceux qui frappent ou laissent frapper un homme sans défense.

Noë courba le front.

— Vous avez raison, dit-il, mais il est bien fâcheux que vous ne m'ayez pas laissé battre avec cet Italien maudit, je l'aurais tué.

— Allons! voici l'orage qui se dissipe, reprit Henri, à cheval! Noë, mon mignon. La faim me tord les entrailles.

— Et le voisinage de cette charogne me répugne, ajouta Noë, qui poussa du pied le corps de l'Italien évanoui.

— Moi, dit Henri, qui détacha son cheval et sauta en selle, je ne suis préoccupé que d'une chose.

— Laquelle?

— C'est de savoir quelle était cette femme qu'il poursuivait et qui l'a si cavalièrement salué d'un coup de pistolet. Était-elle jolie? était-elle jeune? Voilà ce qui m'intrigue.

— Henri, dit Noë en riant, je voudrais trouver un messager qui se rendît en Navarre.

— Et pourquoi, drôle?

— Pour l'envoyer à Beaumanoir dire à la belle Corisandre que le prince Henri de Navarre...

— Chut! malheureux... Tais-toi!

Et le prince donna un coup d'éperon à son cheval, et les deux jeunes gens reprirent leur route, laissant en travers du chemin René le Florentin évanoui...

III

Le lendemain de cette soirée d'orage qui avait coûté si cher au parfumeur René le Florentin, nous eussions, au coucher du soleil, retrouvé le jeune prince Henri de Navarre et son compagnon Amaury de Noë sur le seuil d'une hôtellerie du pays blaisois, entre Blois et le village de Beaugency.

L'hôtellerie était de piteuse apparence, en dépit de son enseigne, qui portait qu'au *Rendez-vous des rois Mages* on hébergeait les grands seigneurs et les simples gentilshommes. Quelques poules assez maigres grattaient le fumier de la cour, un chien-loup sommeillait sur le seuil et, devant la porte, le maître de la maison, devenu son propre cuisinier, plumait une oie pour le souper des voyageurs que le ciel lui envoyait. Une fille de cuisine allumait le feu à l'intérieur, et la femme de l'aubergiste dressait la table, tandis que l'unique garçon de ferme étrillait les montures des deux gentilhommes, attachées à la porte de l'écurie.

Henri de Navarre et Amaury de Noë s'étaient installés à califourchon sur une grande poutre couchée devant la maison et se tournaient irrévérencieusement le dos. Henri rêvait, jetant un vague regard autour de lui.

Amaury avait tiré un livre de sa poche et lisait. Tout à coup Henri se retourna vers lui :

— Peste ! dit-il, comme tu es lettré, mon mignon ! et que lis-tu là, Amaury ?

— Le dernier livre de messire de Bourdeille, abbé de Brantôme : la *Vie des Dames galantes*. Il faut bien passer le temps.

— Merci ! cela veut dire que ma conversation te force à compter les heures.

— Oh ! pardon, fit Amaury. Votre Seigneurie est injuste.

— Tu trouves ?

— Et sa conversation est des plus attrayantes ; mais...

— Mais ? fit Henri.

— Votre Seigneurie ayant autre chose à faire, sans doute, que de m'en régaler, et n'ayant point daigné échanger avec moi trois paroles depuis ce matin, j'ai pensé que ce que j'avais de mieux à faire était de m'en passer.

— Ton indépendance me plaît assez, Amaury, mon mignon, mais j'y mets un terme.

— Ah ! Votre Seigneurie daigne enfin causer avec moi ?

— Comme un simple mortel.

— A quoi donc rêviez-vous, Henri ?

— A Corisandre.

— Toujours ?

— Pourquoi pas ?

— Mais, dame ! répondit Noë, parce que les femmes ne méritent pas toujours qu'on songe à elles jour et nuit.

— Oh ! celle-là...

Amaury frisa sa moustache blonde et garda le plus éloquent et le plus sceptique des silences. Le prince reprit :

— Et puis, Noë, mon bel ami, une chose m'intrigue fort.

— Quoi donc, Henri ?

— Tu sais que Corisandre m'a donné une lettre ?

— Oui.

— Pour son amie d'enfance, la femme de l'argentier Loriot.

— Précisément. Eh bien ?

— Eh bien ! je ne serais pas fâché de savoir ce que cette lettre peut contenir, mon mignon.

— Malheureusement, elle est attachée par un joli fil de soie, retenu lui-même par un sceau de cire bleue.

— Hélas ! je le sais bien.

— Et la décacheter serait un acte d'indélicatesse.

— Peuh ! une lettre écrite par une femme qui vous aime.

— Qu'est-ce qu'il y a pour votre service? demanda-t-il. (P. 18.)

— Dame!

— Malgré cette considération, je suis de ton avis, et je ne me permettrais pas de briser le scel. Mais... hélas...

Henri s'arrêta et poussa un profond soupir.

— Eh bien? interrogea Noë.

— Il m'est arrivé un malheur.

— Bah! et lequel?

— Le scel s'est brisé tout seul.

— Comment cela?

— Ou plutôt il s'est fondu... il a fait très chaud aujourd'hui. Nous nous sommes arrêtés dans une auberge à la porte de Blois, pour déjeuner. J'ai posé la lettre de Corisandre et celle de ma mère au soleil. Le soleil a fondu la cire tandis que nous sablions le petit vin aigrelet de la Loire.

Et le prince de Navarre tira les deux lettres de son pourpoint et les tendit à son ami Amaury de Noë.

— Tiens, c'est vrai, dit celui-ci, mais si le soleil a fondu la cire, il n'a pas pu défaire le nœud du fil de soie.

— C'est juste. Seulement...

— Oh! je sais ce que vous allez me dire. On peut refaire un nœud après l'avoir défait.

— Mais, dame!

— Ah! s'il était question de la lettre de Mme Jeanne de Navarre, laquelle lettre, après tout, vous est adressée, comme il faudra toujours que vous l'ouvriez à Paris... je vous dirais...

— Celle-là m'intéresse peu.

— Qui sait?

— Elle renferme sûrement de la politique, et la politique m'ennuie... tandis que la lettre de Corisandre... Mais enfin, puisque tu prétends que ce serait mal...

Henri de Navarre n'acheva point. Le trot de plusieurs chevaux se fit entendre sur la route jusqu'alors déserte et silencieuse. Les deux gentilshommes se retournèrent et virent une troupe composée de trois cavaliers s'avançant vers l'hôtellerie qui s'intitulait pompeusement le *Rendez-vous des rois Mages*.

Henri de Navarre remit les deux lettres dans sa poche et se leva pour mieux voir. Le troisième cavalier, celui qui fermait la marche, était une femme. Le premier était un gros homme déjà vieux, portant justaucorps de drap brun, feutre sans plume, et, pour toute arme, une arquebuse pendue à l'arçon de sa selle, trois signes évidents qu'il n'était pas gentilhomme. En revanche, il avait l'apparence d'un bourgeois de ville cossu et parfaitement heureux.

Derrière lui venait une sorte de domestique portant à l'arçon et sur le coussinet de la selle deux grosses valises. Enfin, la femme qui fermait le petit cortège et qui montait une fort belle jument blanche portait également le costume bourgeois. Mais elle était si jolie sous son masque, — car les femmes d'alors voyageaient ordinairement masquées, — elle était si élégante en sa taille pleine de souplesse, elle maniait sa monture avec une aisance telle, qu'on eût dit une dame de qualité voyageant incognito en compagnie de ses serviteurs.

— Holà! cria le bourgeois, holà, l'hôtelier!

L'hôtelier, qui plumait son oie et n'avait point quitté le seuil de sa porte, leva fort nonchalamment la tête et regarda assez insolemment le bourgeois.

— Qu'est-ce qu'il y a pour votre service? demanda-t-il.

— Parbleu ! répondit le bourgeois en mettant pied à terre et d'un ton qui prouvait fort bien qu'il avait l'escarcelle ronde, je veux souper et coucher.

L'hôte parut hésiter et regarda les deux jeunes gens. Son regard signifiait clair qu'il tenait peu à héberger des bourgeois alors qu'il avait des gens de qualité chez lui. Mais Henri de Navarre, qui sans doute avait compris ce regard, lui dit :

— Eh bien ! maître, est-ce que vous refusez la pratique ?

L'hôtelier balbutia :

— J'en demande pardon à Votre Seigneurie, mais je ne m'attendais pas à ce surcroît de voyageurs, et...

Au lieu d'achever sa phrase, l'hôte montra son oie qu'il avait fini de plumer.

— Je comprends, dit Henri, l'oie nous est destinée ?

— Oui, messire.

— Et il ne vous reste plus rien ?

— Presque rien, du moins.

— Eh bien ! dit le prince, nous partagerons l'oie avec ce brave homme.

Puis, s'adressant au bourgeois :

— Mon brave homme, lui dit-il, je vous invite à souper.

Le bourgeois salua jusqu'à terre et murmura quelques mots de gratitude.

Pendant ce temps, l'hôte, qui avait subitement changé d'attitude et de langage, s'empressait d'aider la jeune femme à descendre de cheval et criait à son garçon d'écurie :

— Hé ! toi, Nicou, débride-moi ces chevaux et donne-leur un solide coup de bouchon tout de suite et un double picotin dans un quart d'heure.

— Messire, balbutiait le bourgeois, qui se confondait en salutations, je suis touché de votre courtoisie ; on voit bien que vous êtes un bon gentilhomme. Un noble d'hier, un gentillâtre de colombier aurait mangé l'oie à lui tout seul.

— Mon brave homme, répondit gaiement Henri, nous mangerons l'oie ensemble, et nous l'arroserons, ventre-saint-gris ! avec le meilleur vin de notre hôte.

— Oh ! quant à du vin, dit le bourgeois, j'en ai là une outre à l'arçon de ma selle dont vous me direz des nouvelles, mon gentilhomme.

Et le bourgeois désignait une peau de bouc gonflée qui rebondissait sur le flanc de son cheval.

Mais déjà Henri de Navarre ne regardait plus le cheval, ni le bourgeois, ni l'outre. La voyageuse était descendue de sa haquenée et elle avait ôté son masque. Or, chez elle, la tournure n'avait point trop fait présumer du visage. Elle était merveilleusement belle. C'était une femme de vingt-quatre à vingt-cinq ans, blanche comme un lis, avec des cheveux noirs comme l'aile d'un corbeau, des lèvres d'un rouge cerise et de grands yeux bleus un peu tristes.

Henri de Navarre se leva fort précipitamment de la poutre sur laquelle il était demeuré jusque-là à califourchon, et il salua la jeune femme avec un empressement qui fit sourire Amaury de Noë.

— Hé ! hé ! pensa le jeune homme, Henri se plaignait tout à l'heure de trop songer à Corisandre... Qui sait ?

Le bourgeois demanda une chambre, offrit la main à la jeune femme et pénétra dans l'intérieur de l'auberge. Henri suivit de l'œil la belle inconnue.

— Peste! murmura Noë, quand elle eut disparu, les bourgeoises de ce pays me semblent plus jolies que les grandes dames. Qu'en pensez-vous, Henri?

— Elle est charmante, Noë, mon mignon.

— Et tout aussi jolie que Corisandre.

— Chut! fit Henri, scandalisé de la comparaison. Mais il vient de me passer une drôle d'idée dans la tête.

— Bah!

— Qui sait si cette femme n'est pas celle de la nuit dernière?

— Que poursuivait René?

— Oui.

— C'est possible. Cependant son cheval est blanc, et celui de l'amazone était noir.

— Qu'est-ce que cela fait? On change de cheval en route.

— C'est vrai; mais l'amazone était seule. Celle-là est accompagnée de deux solides gaillards.

— N'importe! murmura le prince, j'ai la conviction que c'est elle, et, morbleu! je m'en assurerai, Noë, mon ami.

Puis, comme s'il avait eu hâte de revoir l'inconnue, le prince dit à l'hôte:

— Çà! maître gargotier, dépêche-toi. J'ai faim.

L'hôte rentra dans sa cuisine pour allumer ses fourneaux, et le jeune prince se mit à califourchon sur sa poutre.

— Henri, Henri, je gage que vous n'avez ni faim, ni soif.

— Es-tu fou?

— Seulement, vous êtes pressé de revoir votre inconnue?

— Tais-toi, drôle!

— Et je ne m'étonnerais pas... que... d'ici à ce soir...

— Eh bien?

— Vous n'en soyez toqué, comme dit Brantôme.

— J'aime Corisandre...

Noë laissa bruire un rire moqueur sur ses lèvres.

— Je le crois, dit-il, mais... en voyage...

— Qu'arrive-t-il?

— Une amante absente perd ses droits ni plus ni moins qu'un mari à la guerre ou à la chasse.

— Noë, tu blasphèmes...

— Mais, non.

— Tu nies l'amour.

— Au contraire.

— Et quand tu prétends que je n'aime pas Corisandre...

— Je n'ai pas dit cela.

— Que je pourrais en aimer une autre...

— Moi, interrompit Noë, je suis philosophe.

— Qu'est-ce que cela veut dire?

— J'ai des principes...

— En quoi consistent-ils tes principes?

— A découvrir saint Pierre pour couvrir saint Paul.

— Je ne comprends pas.

— Eh bien! je vais faire comme la reine Marguerite de Navarre et parler par allusions et métaphores.

— Voyons.

— Je suppose que vous vous appeliez Amaury de Noë, et que je sois, moi, Henri de Navarre.

— Bon!

— J'ai laissé une femme adorée en Béarn, on la nomme Corisandre.

— Très bien.

— Je rencontre ici une autre femme fort belle qui se nomme... Supposez un nom quelconque, Minerve ou Diane.

— Après?

— Corisandre, qui est en Béarn, représente pour moi saint Pierre, et Minerve ou Diane, saint Paul.

— Noë, mon mignon, vous êtes un débauché.

— C'est possible.

— Et vos principes ne sont pas les miens.

— Peuh! on verra.

Comme Amaury achevait, l'hôte vint annoncer aux deux gentilshommes que l'oie rissolait en broche et qu'une certaine matelotte d'anguilles était servie entre deux flacons poudreux de vin de Beaugency, un pot de rillettes de Tours et un reste de quartier de venaison.

Au même instant, le bourgeois et la jeune femme qui l'accompagnait revinrent après avoir réparé le désordre de leur toilette de voyage, et Henri de Navarre, comme s'il eût pris à tâche de justifier les prédictions de Noë, offrit la main à la belle inconnue et la fit asseoir à sa droite, à la place d'honneur.

Le bourgeois était un homme d'environ cinquante ans, chauve, à la figure ronde et franche, au regard doux, mais non dépourvu cependant d'une certaine énergie. Il était sobre de paroles sans être taciturne, respectueux envers les gentilshommes sans bassesse et sans obséquiosité. Il buvait sec et mangeait avec un appétit que ne faisait point prévoir son abdomen volumineux.

La jeune femme, à laquelle il disait *vous* et qu'il appelait Sarah, était pleine de décence et de distinction; elle répondit avec esprit aux galanteries du jeune prince et de son compagnon, eut deux ou trois sourires sans que son œil bleu cessât d'être légèrement triste, et de même que le bourgeois lui donnait le nom de Sarah, elle l'appela Samuel. Malgré quelques questions assez discrètes des deux jeunes gens, Samuel et sa compagne se tinrent, pendant tout le souper, sur une extrême réserve, ne parlèrent point de leurs affaires et se bornèrent à dire qu'ils venaient de Tours et allaient à Paris. Puis, le repas terminé, la belle Sarah se retira dans un petit cabinet voisin où on lui avait dressé un pliant.

Fort désappointé, Henri de Navarre prit le bras de son ami Noë et l'entraîna sur la grande route.

— Allons respirer au clair de lune, lui dit-il.

— Est-ce que vous voulez me parler de Corisandre?

Henri tressaillit.

— Tu railles, drôle!

— Dame! ce que j'avais prédit s'est réalisé, il me semble.

— Comment?

— Vous êtes toqué de la belle bourgeoise.

— Moi! allons donc!

— Tarare! chanta Noë. Vous vous êtes moqué de mes principes, mais vous les mettez en pratique.

— Tu te trompes, seulement elle m'intrigue...

— L'intrigue est le vestibule de l'amour.

— Crois-tu? fit naïvement le prince.

— Dame!

— Est-ce sa fille? est-ce sa femme?, est-ce l'amazone de la nuit dernière?

— Voilà, dit Noë, ce qu'il est fort difficile de savoir.

— Si c'est sa fille...

— Eh bien?

Henri de Navarre parut embarrassé.

— Eh bien! dit-il, il a une jolie fille, voilà tout.

Amaury partit d'un éclat de rire.

— Si c'est sa femme... oh! alors...

— Ah! pauvre Corisandre! murmura Noë.

Henri se mordit les lèvres.

— Tu es un abominable plaisant, dit-il. Aussi bien je te romps en visière et je vais me coucher.

Et, en effet, Henri de Navarre souhaita le bonsoir à son compagnon, rentra dans l'auberge, se fit donner une lampe et gagna la chambre qu'on lui avait préparée. Là il s'assit sur son lit, oublia de se déshabiller et se prit à rêver, non point à Corisandre, mais à la belle inconnue. Puis, tout à coup il tressaillit.

— Ma parole d'honneur, se dit-il, je crois que Noë a raison, et je vais, si cela continue, oublier Corisandre. Ma foi! je ne vois qu'un moyen de songer à elle et d'y songer sans distraction aucune : c'est de lire cette lettre qu'elle écrit à son amie d'enfance, la femme de l'argentier Loriot.

Et le prince tira la lettre de son pourpoint et en dénoua le fil de soie sans scrupule.

— Tant pis! se dit-il, c'est l'amour qui me rend indiscret.

IV

Henri de Navarre déplia la lettre de Corisandre, comtesse de Gramont, s'approcha de la lampe qu'il avait placée sur une table et lut :

« Ma chère Sarah. »

Ces premiers mots le firent tressaillir.

— Sarah ! se dit-il ; mais la femme avec qui je viens de souper se nomme Sarah pareillement. Si... c'était elle !

Il poursuivit :

« Ma lettre t'arrivera à Paris, rue aux Ours, dans ton comptoir, dont tu ne bouges du jour de l'an à la Saint-Sylvestre. »

Henri s'interrompit encore :

— La Saint-Sylvestre est le dernier jour de l'année, se dit-il, c'est-à-dire le 31 décembre, et si Corisandre dit vrai, malgré ce nom de Sarah, il ne doit y avoir aucun rapport entre mon inconnue de ce soir et la femme de l'argentier Loriot.

Cette réflexion faite, le prince continua à lire :

« Cette lettre te sera remise, ma chère Sarah, par un jeune gentilhomme de belle tournure et de mâle prestance, qui s'en va à Paris pour la première fois. Ce jeune gentilhomme s'appelle Henri, Henri de Bourbon, prince de Navarre, et la volonté de Mᵐᵉ la reine Jeanne d'Albret, sa mère, l'envoie à Paris *incognito*. Il se présentera chez toi sous le nom de Henri tout court, et tu n'auras pas l'air d'en savoir ni d'en deviner davantage. Mon jeune prince, chère mignonne, est brave, hardi, spirituel, mais, il a vingt ans...

« Comprends-tu ?

« Or, ma mignonne, il faut que je te fasse un aveu en rougissant... je l'aime !

« Je l'aime et il m'aime, ou du moins il croit m'aimer.

« Il m'a quittée ce matin aux premières clartés de l'aube, en me baisant les mains, en m'accablant de promesses, en jurant de m'aimer toujours.

« Mais les serments d'un enfant de vingt ans, le temps les emporte, l'absence les efface... »

— Tiens ! s'interrompit Henri de Navarre, est-ce que Corisandre aurait deviné que je rencontrerais entre Blois et le village de Beaugency... Poursuivons :

« Or, je suis jalouse, ma chère Sarah, jalouse comme une fille d'Espagne, et quelque chose me dit que ce cœur que Henri m'a donné, et qui est mien, sera pris par une autre, à Paris, si je n'y prends garde ! »

— Pauvre Corisandre ! murmura Henri de Navarre en manière d'aparté

La comtesse de Gramont continuait :

« C'est donc à toi que je m'adresse, Sarah, ma mignonne, et je te confie mon Henri.

« Cet abominable Paris est plein de femmes séduisantes et pernicieuses. Mon Henri est beau, elles me le voleront.

« Or, voici à quoi j'ai songé. Il y a bien quatre ou cinq années, depuis que tu as épousé l'argentier Loriot, que nous ne nous sommes vues ; mais tu dois être plus belle que jamais, ma Sarah, et je suis persuadée que les galants et les amoureux doivent se morfondre dans la rue aux Ours dès l'entrée de la nuit.

« Si Henri te voit, — et il te verra, puisqu'il te porte ma lettre, — il pourrait bien en augmenter le nombre.

« Heureusement, ma Sarah, tu es aussi vertueuse que belle, et je te sais, en outre, mon amie.

« Si Henri venait à m'oublier un peu pour songer à toi, ce ne serait que demi-mal ; car tu saurais le retenir et le repousser tour à tour en puisant dans l'arsenal de coquetteries que nous autres femmes nous avons à notre service...

« Ne comprends-tu pas encore ?

« Non, peut-être.

« Eh bien ! écoute :

« Si mon Henri vient à t'aimer, il ne songera point à toutes ces nobles dames empanachées qui traînent leurs robes de drap d'or dans les corridors du Louvre. Tu l'absorberas complètement, le remettant de jour en jour, promettant sans cesse et ne tenant jamais, et tu me l'amèneras ainsi tout doucement jusqu'à l'heure de son départ de Paris.

« Comprends-tu maintenant ?

« Oui, n'est-ce pas ?

« Quand mon Henri sera de retour en Béarn, je saurai bien lui faire payer cher ses intentions de trahison.

« Adieu, ma bonne Sarah, souviens-toi de notre enfance passée sous les grands arbres du manoir de mon père, et aime-moi toujours.

« Je joins à ma lettre quelques lignes sous un autre pli pour ton vieil époux qui, je l'espère bien, mettra son escarcelle, si besoin est, au service de mon Henri.

          « Adieu encore.

                         « Ta CORISANDRE. »

— Ventre-saint-gris ! s'écria Henri de Navarre quand il eut terminé la lecture de cette lettre, mais Corisandre est plus rouée qu'une potence ! Quelle perfidie !...

Henri jetait cette imprécation aux murs de sa chambre, quand on gratta doucement à la porte.

— Entrez ! dit-il.

C'était Noë.

— Ah ! te voilà, dit le prince.

— Dame ! répondit humblement le railleur et spirituel jeune homme, je crains que Corisandre ne nous ait brouillés, et...

Noë s'interrompit en voyant la lettre ouverte que le prince tenait encore à la main.

— Maintenant, prends-lui sa dague, continua le prince. (P. 32.)

— Ah! ah! fit-il.

— Corisandre est une perfide, dit Henri, et elle me payera cher sa trahison.

Il tendit la lettre à Noë.

— Tiens, lis! dit-il.

Noë prit la lettre et s'approcha gravement de la lampe.

— Oh! les femmes! murmura Henri avec colère.

— Chut! fit Noë qui lisait attentivement l'épitre de la comtesse.

Il la lut jusqu'au bout sans lever la tête, sans laisser échapper une réflexion, et, quand il eut fini, il la rendit silencieusement à Henri.

— Comment! s'écria celui-ci, cela ne t'émeut pas davantage?

— Non, certes.

— Et tu ne trouves pas?...

— Je trouve que la comtesse est une femme habile, voilà tout.

— Mais... enfin... que ferais-tu à ma place?

— Moi, répondit Noë, je recachetterais cette lettre avec soin.

— Après?

— Et, arrivé à Paris, je la porterais à son adresse.

— Jamais!

— Je feindrais de tomber amoureux de l'argentière Sarah, poursuivit Noë...

— Et puis?

— Et puis j'oublierais Corisandre, et je me ferais à la cour une liaison convenable. De cette façon je tromperais à la fois Corisandre et sa complice...

Henri haussa les épaules:

— Ton plan est joli, dit-il, mais il pèche par la base.

— En quoi, mon prince?

— En ce que nous n'irons pas à la cour.

— Bah! et pourquoi?

— Parce que nous voyageons incognito, a dit ma mère.

— Ce n'est pas une raison.

— Tu crois?

— Et je gage que, dans sa lettre, Jeanne de Navarre vous conseille, au contraire, de vous présenter à la cour sous un nom quelconque.

— C'est ce que nous saurons à Paris.

— Ah! ma foi! dit Noë, puisque vous avez ouvert la lettre de Corisandre, vous pourriez bien ouvrir celle de votre mère la reine.

— Tu as raison, Noë, mon ami. Aussi bien vais-je le faire.

Et tandis que Noë renouait le fil de soie qui scellait naguère la missive de la comtesse de Gramont, Henri de Navarre dénoua celui qui fermait la lettre de sa mère. Les instructions de Mme Jeanne d'Albret, reine de Navarre, étaient des plus claires et conçues en ces termes:

« Cher prince, mon fils.

« Je n'ai point voulu vous dire le but de votre voyage de peur que le funeste amour qui vous attache à Corisandre, — une femme de plus de beauté que de sagesse, soit dit en passant, — ne vous empêchât d'obéir à ma volonté.

« Mais j'espère qu'une fois à Paris vous serez plus raisonnable, et songerez qu'un prince héritier du royaume de Navarre, et descendant du roi saint Louis, se doit à la fois à sa lignée et au bonheur des peuples qu'il aura à gouverner un jour.

« Tandis que vous courtisiez Corisandre, le roi Charles neuvième, notre cousin, négociait avec moi un mariage entre vous et sa sœur Marguerite de France.

« C'est donc relativement à ce mariage que je vous envoie à Paris.

« Mais, comme je me défie des intrigues de Mme Catherine de Médicis, qui n'aime point ceux de la religion, j'ai voulu que vous arriviez incognito à la cour de France, à la seule fin que vous puissiez voir la princesse Marguerite et vous assurer qu'elle vous pourra convenir.

« Le lendemain de votre arrivée, vous irez au Louvre et demanderez à parler à M. de Pibrac, capitaine dans les gardes de S. M. le roi Charles neuvième.

« Vous montrerez à M. de Pibrac l'anneau que je vous ai donné et que vous portez au petit doigt de la main gauche.

« M. de Pibrac se mettra sur-le-champ à votre disposition et vous présentera à la cour de France comme un gentilhomme béarnais qui lui est chaudement recommandé.

« De cette façon, vous pourrez voir à votre aise Mme Marguerite de France, votre fiancée, et comme elle est fort belle, je ne doute pas que vous n'en tombiez amoureux et ne pensiez bientôt plus à cette intrigante de Corisandre.

« Tandis que vous serez à Paris, je ferai de mon côté mes préparatifs de départ et je ne tarderai point à vous aller rejoindre.

« Ce ne sera qu'alors, mon cher enfant, que vous paraîtrez avec votre nom et avec vos titres et qualités.

« Pour tout le reste, fiez-vous-en à M. de Pibrac, qui a mes instructions, et gardez-vous de paraître autre chose qu'un pauvre cadet de Gascogne dont l'escarcelle est mince. »

Là se terminait l'épître de Mme la reine de Navarre.

— Eh bien! Noë, s'écria Henri qui était fort étonné, que penses-tu de tout cela?

— Je pense, répondit Noë, que Mme Jeanne, la reine votre mère, a raison.

— En quoi?

— En ce qu'elle vous veut marier... mais...

Noë s'arrêta.

— Je ne pense pas que Mme Marguerite de France soit précisément la femme qui vous convienne.

— Pourquoi?

— Oh! je ne sais.

— Mais... enfin... est-elle laide?

— Au contraire, on la dit fort belle.

— Est-elle... méchante?

— Trop bonne, mon prince, et on dit même...

— On dit...

— Oh! fit Noë brusquement, ce qu'on dit ne me regarde pas, après tout. Seulement, elle est catholique.

— Et je suis de la religion.

— Justement. Quand la femme s'en va à la messe et le mari au prêche, ajouta Noë en branlant la tête, le ménage n'est jamais bon...

— C'est vrai, ce que tu dis là, Noë.

— Mais, après tout, Mme la reine votre mère est une femme versée en politique et elle a peut-être de bonnes raisons pour conclure ce mariage.

— Eh bien! que ferais-tu à ma place?

— Moi, j'irais à Paris.

— Bon! Après?

— Je me présenterais au Louvre.

— Très bien.

— Je verrais Mme Marguerite et je prendrais le temps de réfléchir.

— Aussi bien, dit le prince, ferai-je comme tu le dis.

— Et, en attendant, acheva Noë, je soufflerais ma lampe et je m'endormirais sans plus songer ni à Corisandre, ni à Mme Marguerite de France, ni à cette belle inconnue.

— Oh! par exemple! dit le prince, ceci est tout à fait différent, et puisque Corisandre... Enfin, nous verrons, Noë, mon ami.

Sur ces derniers mots, le jeune héritier du trône de Navarre se glissa sous les couvertures, et Noë, lui souhaitant le bonsoir, éteignit sa lampe.

Un quart d'heure après, Noë dormait profondément, et la petite hôtellerie était plongée dans le silence.

Seul, Henri de Navarre ne dormait pas et continuait à se demander si son inconnue était la fille ou la femme de ce gros bourgeois qu'elle appelait Samuel. Un bruit lointain d'abord, et qui ne tarda pas à se rapprocher, arracha le jeune prince à ses méditations et le fit tressaillir. Ce bruit était celui que faisaient plusieurs chevaux qui s'en allaient au petit trot et ne tardèrent point à passer devant l'hôtellerie.

Poussé par une vague curiosité, Henri de Navarre se leva et alla coller son visage au carreau de la croisée. Il vit alors une troupe de cavaliers qui, après avoir paru s'éloigner et continuer leur chemin, mettaient pied à terre et semblaient délibérer. Puis l'un deux se détacha du groupe, revint à pied vers l'hôtellerie et frappa à la porte.

Un instant après, l'hôte se leva et alla ouvrir. Le cavalier entra et referma la porte sur lui. En même temps Henri de Navarre, qui s'apprêtait à regagner son lit, vit un rayon de lumière qui sortait du plancher, et il entendit fort distinctement la voix de son hôte.

La chambre qu'occupait le prince était placée au-dessus de la cuisine, et ce rayon de lumière, qui filtrait à travers une fente du plancher, provenait d'une lampe que l'hôtelier venait d'allumer pour introduire l'étranger. Alors Henri de Navarre s'accroupit sans bruit sur cette fente et regarda.

L'hôte causait à mi-voix avec le cavalier, et ce cavalier, Henri le reconnut sur-le-champ. C'était maître René le Florentin.

— Oh! oh! pensa le prince, je crois qu'il est bon d'éveiller Noë. Peut-être faudra-t-il bientôt jouer de la rapière.

V

Le jeune prince s'avança vers le lit de Noë à pas de loup et le toucha légèrement.

— Qui est là? demanda Noë qui s'éveilla en sursaut.

— C'est moi; tais-toi! souffla Henri, qui lui plaça la main sur la bouche. Puis il se pencha à son oreille et lui dit tout bas :

— Lève-toi sans bruit, viens voir et écouter avec moi.

Noë ne comprenait pas, mais il se leva, et, conduit par le prince, il se laissa entraîner jusqu'à la fente du parquet, s'accroupit et regarda.

Le cavalier que Henri de Navarre avait reconnu pour être le parfumeur de la reine mère, maître René le Florentin, s'était assis sur un escabeau et avait les jambes croisées comme un homme qui a l'habitude de se mettre à son aise.

Devant lui, son bonnet de laine au poing, se tenait respectueusement l'hôtelier qui avait toujours sa lampe à la main.

— Maître hôtelier, disait le Florentin, vous ne me connaissez pas?

— Non, messire.

— Mais vous avez ouï parler de la reine mère, Mme Catherine de Médicis?

— Ah! Jésus-Dieu! fit l'hôtelier, qui salua avec un respect plein de terreur.

— Et... vous savez lire?

— Assez couramment, messire.

Alors, regardez donc ceci.

Le cavalier ouvrit son pourpoint et en retira un parchemin qu'il déplia et mit sous les yeux de l'hôte.

Ce parchemin portait le sceau et les armes de France et il était couvert de trois lignes d'une grosse écriture fort lisible :

« *Ordre*, disait-il, *de laisser passer le porteur et au besoin, s'il le requérait, de lui obéir.*

« CATHERINE. »

L'hôtelier tout tremblant s'inclinant :

— Je suis bon catholique et sujet fidèle, balbutia-t-il, croyez-le bien, monseigneur, et...

— Il ne s'agit point de cela, imbécile, interrompit brusquement le Florentin. Il s'agit de me répondre.

L'hôte respira.

René poursuivit :

— As-tu des voyageurs ici?

— Oui, messire.

— Combien?

— Cinq.

— Oh! oh! fit René. Et parmi eux, n'as-tu pas une jeune femme fort belle, voyageant avec deux hommes?

— Un gros bourgeois et un domestique, oui, messire.

— C'est cela, dit René.

— Et... quels sont les autres voyageurs?

— Deux jeunes gens, deux gentilshommes qui paraissent venir de loin, du Midi.

— Oh! oh! grommela encore René dont l'œil s'illumina et brilla d'une sombre joie, qui sait si ce ne sont pas mes deux drôles de la nuit dernière qui m'ont si bien accommodé sur la route?

Henri de Navarre et Noë, l'oreille collée à la fente, écoutaient et ne perdaient pas un seul mot de cette conversation, bien qu'elle eût lieu à voix basse.

Le Florentin reprit :

— Voyons! comment sont-ils vêtus?

— Ils ont des pourpoints de drap gris et des feutres noirs.

— Bien... et leurs chevaux?

— L'un est blanc sale, l'autre bai brun.

— Pardieu! c'est bien cela.

— Votre Seigneurie les connaît?

— Beaucoup.

Le Florentin parut réfléchir un moment.

— Où sont-ils couchés? demanda-t-il.

— Au premier étage, là-haut.

— Dans la même chambre?

— Oui, messire.

— Et la femme?

— Dans une pièce à côté.

— Est-elle seule dans la pièce qu'elle occupe?

— Oui, mais le gros bourgeois est dans un cabinet voisin.

— Et le domestique?

— Il est avec le valet de ferme, dans l'écurie.

— Très bien, dit le favori de la reine mère. Maintenant, tiens-tu à ta peau?

L'hôte frissonna.

— Pour peu que tu y tiennes, poursuivit René, et que tu aies quelque répugnance à être pendu au bout d'une branche d'arbre, en face de ton auberge, je te conseille d'aller éveiller ta femme et tes enfants, si tu en as...

— Mon Dieu! exclama l'hôte effrayé.

— Tu les emmèneras avec toi et vous irez achever votre somme sous un arbre ou sous une meule de foin. La nuit est belle, et vous aurez du malheur si vous vous enrhumez.

— Mais, balbutia le pauvre hôtelier consterné, vous voulez donc me chasser de ma maison, monseigneur?

— Non, je t'invite à m'y laisser maître pendant quelques heures, voilà tout.

— Et je pourrai y rentrer?

— Au soleil levant. Tu as l'air d'un bon diable et je défendrai à mes gens d'y mettre le feu.

— Mais... qu'allez-vous donc faire ainsi, seigneur Dieu?

— Ce sont mes affaires. Seulement, je vais te donner un conseil : si demain, en rentrant dans ta maison, tu trouves quatre cadavres, ceux des gentilshommes, celui du bourgeois et celui de son valet...

— Eh bien? demanda l'hôtelier, qui sentait ses cheveux se hérisser.

— Tu creuseras un trou dans ton jardin et tu les enterreras.

— Mais... les gens de justice?...

— D'abord ils ne sauront rien. Ensuite, s'ils apprennent quelque chose, tu leur diras mon nom. On m'appelle René le Florentin.

Ce nom de René était sans doute bien connu de l'hôte, car il manifesta un violent effroi et prit l'attitude pleine d'humilité d'un homme qui craint pour sa vie.

Le favori de la reine mère se leva alors et ajouta :

— Maintenant, dépêche-toi, drôle, et déguerpis au plus vite !

Il fit un pas vers la porte, afin sans doute de rejoindre les estafiers qu'il avait laissés sur la route.

Mais avant qu'il l'eût ouverte, un homme se montra sur la dernière marche de l'escalier qui prenait naissance à la cuisine et conduisait au premier étage.

Cet homme avait une arquebuse à l'épaule et il ajustait le Florentin.

Ce dernier, muet de stupeur, laissa retomber la main qui tenait déjà le loquet de la porte.

L'homme à l'arquebuse, c'est-à-dire Henri de Navarre, fit trois pas vers René et lui dit :

— Si tu ne veux que je te tue comme un chien, maître drôle, tais-toi, et garde-toi de bouger.

René le Florentin avait bien une épée au côté et une dague au flanc, mais il n'avait pas d'arme à feu, et il comprit sur-le-champ que son adversaire de la veille — qu'il avait reconnu du reste — lui enverrait une balle dans le crâne avant qu'il eût dégainé.

Le prince ne tourna point la tête, n'abaissa point le canon de l'arquebuse, mais il dit :

— Noë, mon ami, approche-toi de monsieur.

Noë, qui se tenait derrière le prince, s'avança vers René, tout en jetant vers l'hôtelier stupéfait un regard dominateur.

— Que faut-il faire de ce parfumeur? demanda-t-il de sa voix fraîche et railleuse.

— Lui demander son épée d'abord, mon mignon.

— Bon! dit le jeune homme.

Et, s'adressant à René :

— Pour un favori de la reine Catherine, dit-il, j'avoue que vous n'avez pas de chance, mon cher sire; car vous venez de tomber dans nos mains comme un rat en une souricière. Baillez-moi votre épée de bonne grâce.

René, ivre de rage, protesta d'un geste et sembla vouloir résister.

— Gare ! Noë, cria le prince, range-toi, je vais faire feu...

Le Florentin pâlit, mais il se croisa les bras et Noë lui détacha son épée qu'il portait avec un ceinturon.

— Maintenant, prends-lui sa dague, continua le prince.

Noë s'empara de la dague comme il avait pris l'épée.

— Et puis, ajouta Henri de Navarre, comme il se pourrait faire que monsieur eût quelque couteau ou quelque pistolet dans ses poches, fouille-le donc, mon mignon.

Le jeune homme jeta au pied du prince l'épée et la dague, fouilla René qui écumait de rage, mais que la gueule béante de l'arquebuse rendait docile, et il retira de ses poches une bourse fort bien garnie et toute rondelette, ainsi que le parchemin que tout à l'heure l'Italien avait mis sous les yeux du malheureux hôtelier.

Alors le prince abaissa son arquebuse et dit à l'hôtelier :

— Prends cet argent. Monsieur avait oublié de te le donner pour acheter le droit de nous occire et d'enlever la jolie dame d'en haut.

— Prends donc, imbécile ! ajouta Noë. Il est probable que monsieur n'aura plus bientôt besoin de rien.

René sentit une sueur froide perler à son front.

— Et cherche-nous une bonne corde neuve, ajouta le prince.

— Ma foi ! pensa l'hôtelier, après tout, ces gentilshommes sont plus raisonnables que le Florentin : ils me payent. En honnête homme que je suis, je dois les servir.

Et l'hôtelier détacha une corde qui servait dans la cuisine à faire sécher du linge.

Le prince dit à René :

— On ne vous tuera pas, maître parfumeur, à moins que vous n'essayiez de crier. Ainsi tenez-vous tranquille et laissez-vous garrotter gentiment. Au premier cri je relève mon arquebuse et je vous envoie chez le diable porter vos huiles et vos cosmétiques.

Puis le prince fit un signe.

Noë donna un croc-en-jambe à René, tandis que l'hôtelier le saisissait par les épaules. L'hôtelier était replet et courtaud ; il avait une vigueur de taureau, et il garrotta maître René le Florentin avec une dextérité sans pareille et une solidité à toute épreuve.

— Faut-il le bâillonner ? ajouta-t-il naïvement.

— Sans doute.

L'hôte prit son mouchoir et bâillonna le parfumeur.

— Voilà, dit-il.

René se tordait, écumant, cherchant à rompre ses liens, et mordait son bâillon avec fureur.

— Maintenant, dit le prince, tu vas descendre monsieur à la cave et tu l'y laisseras quelques heures, jusqu'à demain soir, par exemple.

Comme dans bon nombre d'hôtelleries de province, l'entrée de la cave se trouvait dans la cuisine même, à droite du comptoir sur lequel brillaient les pots

SARAH, LA BELLE ARGENTIÈRE

d'étain et les cruches de grès, et cette entrée était fermée par une trappe que l'hôte s'empressa de soulever.

— Eh bien! ordonna Noë, charge monsieur sur tes épaules et descends-le dans ton caveau le plus profond.

L'arquebuse de Henri de Navarre opérait de tels miracles que le digne cabaretier n'hésita pas un seul instant.

LIV. 5. — PONSON DU TERRAIL. — LA JEUNESSE DU ROI HENRI. — ÉD. J. ROUFF ET Cᵗᵒ. — LIV. 5.

Il prit dans ses bras robustes le favori, réduit à l'impuissance, et disparut avec lui dans les profondeurs de la cave.

Alors Henri et Noë tinrent conseil.

— Tout cela est fort bien, dit le prince, mais...

— Mais... quoi?

— Ces hommes armés qui sont sur la route?

— Eh bien?

— Quand ils verront que leur maître tarde à venir, ils cerneront la maison, enfonceront les portes et nous ne pourrons tenir longtemps contre eux tous...

— C'est vrai, dit Noë, mais j'ai une idée.

— Laquelle?

— Tandis que vous allez éveiller le bourgeois et sa femme...

— La femme, très bien, dit le prince, mais le bourgeois... à quoi bon?

— Ah! Henri, murmura Noë, voilà que vous punissez René le Florentin et que vous songez à l'imiter! C'est un peu léger...

Le prince se mordit les lèvres.

— Soit, dit-il, j'éveillerai le bourgeois. Après?

— Le bourgeois et sa femme...

— Bon! ensuite?

— L'hôtellerie a deux portes : l'une que voilà, et qui donne sur la route, l'autre qui va dans la basse-cour et le jardin.

— Très bien.

— J'ai remarqué tout cela dans la journée. La basse-cour a une issue dans les champs. Le bourgeois, sa femme et nous-mêmes, nous pouvons très bien monter à cheval dans la basse-cour, prendre le sentier garni de saules qui est au bout et partir au grand galop... pour rejoindre la route après un long détour.

— Parfait, dit le prince; mais les hommes à cheval?

— Je m'en charge...

— Toi?

— Moi, dit froidement Noë. Allez éveiller le bourgeois et sa femme.

Henri de Navarre ne devinait pas trop ce que voulait faire Noë, mais il avait une certaine confiance dans les ressources d'esprit du jeune homme et il répondit :

— Soit! agis comme tu l'entendras.

L'hôte remonta de la cave.

— Mon bon ami, dit Noë, il y a ici près une trentaine d'hommes qui, dans une heure, ne voyant pas revenir messire René le Florentin, s'empresseront de mettre le feu à ta maison et te pendront, toi et les tiens, aux branches du saule de ta basse-cour.

— Que dites-vous? exclama l'hôte dont les cheveux se hérissèrent.

— La vérité, mon bonhomme.

Noë entr'ouvrit la porte et lui montra les cavaliers sur la route.

— Jésus-Dieu! je suis un homme perdu, balbutia le Blaisois.

— Non, si tu fais ce que je vais te dire.

— Voyons? interrogea l'hôte en regardant Noë.

Celui-ci continua :

— Tu vas rejoindre ces cavaliers et tu leur diras : vous attendez votre maître, M^{er} René le Florentin, n'est-ce pas? — Oui, te répondront-ils. — Eh bien! diras-tu en clignant de l'œil : il n'aura pas besoin de vous pour l'instant... la dame a fini par se montrer accommodante et il vous engage à l'aller attendre à Orléans en emportant ces trente pistoles que voilà.

En parlant ainsi, Noë prit dans la poche de l'hôte la bourse de René le Florentin, en vida le contenu sur une table, puis, sur ce contenu, prit trente pistoles qu'il remit dans la bourse.

L'hôte soupira profondément.

— Il faut bien faire la part du feu, dit le jeune homme. Porte-leur la bourse de leur maître ; grâce à elle, ils te croiront sur parole.

— Donnez, dit l'hôte, soupirant toujours.

— Et, ajouta Noë, comme il faut prévoir les trahisons, et que tu pourrais très bien les avertir de ce qui vient de se passer, je te jure que, si tu ne reviens seul, je mets le feu à ta maison et je fais sauter le crâne à ta femme d'un coup d'arquebuse.

Cette dernière menace acheva de gagner l'hôtelier à la cause des deux jeunes gens.

Il prit la bourse contenant les trente pistoles et s'élança sur la route.

— Vite, Henri! vite! dit Noë : éveillons le bourgeois, et partons.

Le prince s'arma d'un flambeau et, toujours son arquebuse sur l'épaule, il monta au premier étage et frappa à la cloison qui séparait sa chambre de la chambre occupée par la jeune femme.

— Qui est là? demanda celle-ci d'une voix tremblante.

— Ouvrez, madame, ouvrez!

— Qui est là? répéta le bourgeois, qui avait entendu frapper.

— Il y va de votre vie, insista le prince. Ouvrez!

La belle voyageuse vint ouvrir à demi vêtue.

— Mon Dieu! s'écria-t-elle, qu'est-ce donc encore?

— N'étiez-vous pas la nuit dernière sur la route de Tours à Blois? demanda le prince.

— Oui, messire.

— Un homme vous poursuivait?

— Oui... oui... fit-elle en pâlissant.

— Eh bien! cet homme vous poursuit encore... il a cerné la maison, et sans nous vous étiez perdue!

Alors le prince raconta brièvement au bourgeois et à sa femme ce qu'il venait de voir, d'entendre et de faire, ajoutant :

— Habillez-vous sur-le-champ, ne perdez pas une minute... je vais seller les chevaux, il faut partir.

Un quart d'heure après, en effet, les hommes de René le Florentin s'étaient éloignés, et le bourgeois, la jeune femme et leur valet montaient à cheval et prenaient le sentier qui s'enfonçait dans les champs.

Le bourgeois s'était confondu en actions de grâces: il avait juré aux deux gentilshommes qu'il n'oublierait jamais qu'il leur devait l'honneur et la vie ; mais il n'avait point répondu lorsque Henri de Navarre lui avait offert de l'accompagner et de lui servir d'escorte, lui et Noë, jusqu'à la ville prochaine.

— Allons ! murmura le prince en mettant à son tour le pied à l'étrier, je suis fixé maintenant : c'est le MARI.

— Et il est JALOUX, acheva le jeune sire de Noë.

VI

Trois jours plus tard, Henri de Navarre et son ami Noë, arrivés à Paris le matin, descendaient la rue Saint-Jacques et traversaient le pont Saint-Michel.

Quatre heures de relevée sonnaient à l'église Saint-Germain-l'Auxerrois.

Le pont Saint-Michel, comme tous les ponts de ce temps-là, était garni de boutiques, et chacune de ces boutiques portait une enseigne qui désignait fort clairement la profession de son propriétaire.

Ici, c'était un barbier, là un orfèvre, plus loin un marchand de mercerie; plus loin encore un pâtissier qui vendait des crêpes aux pommes, débitait du cidre, et avait écrit sur sa porte :

A la belle Cauchoise!

A côté de cette dernière boutique, les deux jeunes gens, qui ne paraissaient point trop pressés de se rendre à leur destination, et s'en allaient d'un pas nonchalant, regardant et remarquant tout, aperçurent une pompeuse enseigne qui, sur-le-champ, attira leur attention. On lisait au-dessus, en grosses lettres dorées, cette pompeuse désinence :

Maître René, dit le Florentin,
gentilhomme toscan,
parfumeur de S. M. la reine Catherine de Médicis.

Noë poussa du coude son noble compagnon en lui montrant l'enseigne du parfumeur.

— Hé ! hé ! lui dit-il, qu'en pensez-vous, Henri? Je serais assez d'avis, moi, que nous entrions faire nos emplettes chez notre ami.

— Tu railles, mon mignon, répondit Henri en riant.

— Oui et non. D'abord je ne suis point fâché de savoir si par hasard le drôle serait revenu du pays blaisois; en second lieu, comme on dit merveille de ses parfums et de ses huiles de senteur, je laisserais volontiers un écu blanc sur son comptoir.

Et comme s'il n'eût pas voulu consulter plus longtemps le jeune prince, Noë franchit le seuil de la boutique du parfumeur.

Un jeune garçon de quinze à seize ans, assis dans un coin sur un escabeau, se leva en voyant entrer les deux étrangers et vint à leur rencontre en ôtant respectueusement sa toque de velours bleu.

Ce jeune homme avait une physionomie étrange et presque fatale.

Pâle, maigre de visage, les cheveux d'un blond incolore, l'œil d'un bleu indécis, d'une taille au-dessus de la moyenne, mais chétif et débile, souffreteux en toute sa personne, un sourire triste et mystérieux glissant toujours sur ses lèvres minces, ce jeune homme frappait sur-le-champ l'attention de quiconque se trouvait par hasard en sa présence.

Le parfumeur René avait ramené cet être bizarre on ne savait trop d'où.

Ce n'était ni son fils ni son neveu. Il remplissait chez lui les fonctions de commis de vente, tenait la boutique ouverte, recevait les acheteurs, parlait le français avec un accent méridional fortement prononcé et n'avait jamais fait la moindre confidence à personne touchant son pays et son origine, bien qu'il y eût quatre ans passés qu'on le vît du matin au soir immobile et rêveur derrière les carreaux du favori de la reine mère.

On le nommait Godolphin.

Henri de Navarre et le jeune sire de Noë ne purent se défendre d'un léger mouvement de surprise à la vue de ce personnage, qui cependant s'avança vers eux avec l'humilité d'un marchand qui veut se ménager les faveurs de la pratique.

— Que désirent Vos Seigneuries? demanda-t-il en baissant les yeux.

— Acheter des parfums, répondit Henri de Navarre.

— D'abord, dit Noë, et ensuite dire bonjour à messire René le Florentin.

— Ah!... vous le connaissez? demanda Godolphin, qui parut tressaillir.

— Nous sommes de ses bons amis, répliqua le prince en riant.

— Maître René n'est point ici, messeigneurs.

— Ah! il est au Louvre, sans doute?

— Nullement.

— Où donc est-il?

— En voyage.

Noë et le prince échangèrent un regard moqueur.

— Et, dit le premier, savez-vous quand il reviendra?

— Nous l'attendions hier, ce matin, aujourd'hui, et la signorina Paola, sa fille, est fort inquiète de ce retard.

Comme Godolphin achevait de donner cette explication, une porte s'ouvrit au fond de la boutique et livra passage à une femme dont la vue produisit une vive impression sur les deux gentilshommes béarnais.

C'était la signorina Paola elle-même, la fille de maître René le Florentin.

Elle salua les jeunes gens avec la grâce et l'aisance d'une femme de qualité, et elle alla s'asseoir derrière un comptoir de chêne sculpté, sur lequel se trouvaient étalés des pots et des fioles, des sachets de couleurs différentes et des boîtes de poudre jaune, bleue, blanche, rouge, ayant chacune des propriétés différentes : les unes prolongeant la vie, disait-on, les autres l'abrégeant, disait-on encore; quelques-uns conservant la beauté; une autre encore brûlant le visage et faisant un monstre de la plus belle des femmes.

Les deux jeunes gens s'occupèrent fort peu des fioles, mais, en revanche, ils regardèrent beaucoup la signorina Paola.

Et, à vrai dire, l'Italienne méritait, certes, une semblable attention; car elle était véritablement fort belle, mais belle d'une beauté sombre, énergique, insolente, qui rappelait trait pour trait le visage de son père, le hautain favori de la reine.

Son grand œil noir était cruel, sa lèvre dédaigneuse, sa démarche altière.

Il y avait en elle et dans toute sa personne quelque chose qui semblait s'indigner de la condition où elle vivait.

En effet, tandis que son père passait une grande partie de son existence au Louvre où, du reste, il avait un logis, Paola ne quittait point la boutique du pont Saint-Michel, et, malgré ses sollicitations les plus pressantes, le Florentin s'était toujours refusé à lui faire une autre existence.

Ambitieuse comme son père, la Florentine caressait depuis l'âge de quinze ans — elle en avait alors près de vingt-cinq — un rêve que la malignité du sort semblait prendre à tâche de ne point réaliser. Elle voulait se marier et épouser un vrai gentilhomme — un gentilhomme de bonne maison. Et certes, à première vue, par le temps qui courait, c'était vraiment chose facile.

Avant le roi Charles IX, une femme régnait au Louvre qui n'avait besoin que de froncer le sourcil pour mettre la France entière à ses genoux.

Sur l'esprit de cette femme, un homme exerçait un empire étrange, mystérieux, pour ainsi dire despotique.

Si Catherine régnait au Louvre, René le Florentin était bien certainement son premier ministre. En outre, René, disait-on, était plus riche que le roi et possédait dans sa patrie des palais de marbre dont les caves regorgeaient d'or.

Enfin Paola était belle, si belle que la princesse Marguerite, sœur du roi, en avait éprouvé un vif mouvement de jalousie, un jour qu'elle l'avait aperçue derrière les vitres de cette boutique du pont Saint-Michel, où l'enchaînait la volonté paternelle.

Certes, si le favori de la reine, l'homme devant qui tout tremblait, eût voulu marier sa fille à l'un des premiers barons chrétiens, il n'aurait eu qu'à faire un signe, mais René ne le voulait pas. René ne voulait point marier sa fille, et Paola cherchait vainement à battre en brèche cette inflexible volonté dont elle ne pouvait pénétrer le mobile.

Jamais le Florentin n'avait voulu la conduire au Louvre ni la présenter à la reine Catherine; jamais il ne lui permettait de quitter la boutique, et quand un beau gentilhomme en franchissait le seuil, Paola avait ordre de se retirer précipitamment.

La jeune fille, sachant son père absent, mit ce jour-là beaucoup moins d'empressement à exécuter ses ordres. Au lieu de demeurer dans l'arrière-boutique, elle vint au contraire prendre place au comptoir, et elle chercha à fixer les regards des deux jeunes gens.

— Oh! oh! pensa Noë, voilà réellement une belle fille.

Paola regarda Noë et se dit pareillement :

— Voilà, en vérité, un charmant cavalier, dont les yeux bleus sont les plus beaux que j'aie jamais vus.

— Belle demoiselle, dit Noë, qui s'approcha d'elle, mon ami et moi sommes des gentilshommes de province qui venons à Paris pour la première fois.

— On ne le dirait point à votre tournure, messire, répondit Paola, qui se reprit à son rêve de trouver un mari gentilhomme.

Et elle lui montra, à travers ses lèvres rouges comme une cerise de juin, deux rangées de dents éblouissantes.

Puis elle ajouta :

— Cependant vous disiez tout à l'heure que vous connaissiez mon père ?

— Oui, signorina.

— Où donc l'avez-vous connu, si vous venez à Paris pour la première fois ?

— En province, sur la route de Blois à Orléans.

Henri de Navarre, pendant que Noë causait avec la belle parfumeuse, occupait l'attention de Godolphin, l'être chétif et souffreteux, et lui achetait des pommades et des odeurs.

Mais Godolphin, tout en débattant les prix de chaque fiole, dont il vantait les propriétés et les mérites, ne perdait point de vue un seul instant la signorina Paola et Noë.

Celui-ci s'était familièrement accoudé sur le comptoir et faisait à la parfumeuse les plus doux yeux du monde.

— Foi de gentilhomme ! murmurait-il tout bas, je ne comprends point, belle demoiselle, qu'un homme aussi puissant que le seigneur René, votre père, s'amuse à vendre des odeurs sur le pont Saint-Michel.

— Ni moi non plus, soupira Paola.

— Et, poursuivit Noë qui se trouvait en veine de galanterie, on comprend moins encore, peut-être, qu'une belle dame comme vous se morfonde en cette boutique, quand elle tiendrait si bien son rang au Louvre.

Paola soupira de nouveau et ne répondit pas, mais elle lança une œillade incendiaire au blond Noë, qui lui dit tout bas :

— Vous êtes belle à désespérer un saint, signorina.

— Chut ! fit-elle tout bas.

Et, du regard, elle désignait Godolphin qui semblait se mordre les lèvres avec une sourde irritation.

— Allons, Noë, mon bel ami, dit le prince de Navarre qui venait de terminer ses emplettes, viens-tu ?

— Allons, répondit Noë, qui parut s'arracher avec quelque peine du comptoir de la belle Florentine.

— Messire, lui dit cette dernière, qui étendit dédaigneusement la main vers l'écu que le prince déposa sur le comptoir, vous m'avez bien dit que vous connaissiez mon père, n'est-ce pas ?

— Oui, signorina.

— Que vous l'aviez rencontré en province ?

— Précisément.

— Sur la route d'Orléans à Blois?

— Rien n'est plus vrai.

— Mais vous ne m'avez pas dit quand, ni en quel lieu?

— Il y a trois jours, dans une hôtellerie, répondit Noë, et je vous serais bien reconnaissant, signorina, si vous voulez lui faire nos compliments.

— Je n'y manquerai point, dès son arrivée. Votre nom, messire?

— Noë, gentilhomme béarnais.

Paola s'inclina.

— Si même, poursuivit Noë, qui lui jeta un regard assassin, je savais à quelle heure on le rencontre...

Paola tressaillit.

— Je lui viendrais faire ma révérence, poursuivit Noë.

— Toujours le soir à la brune, répondit Paola. Venez après le couvre-feu, vous le trouverez.

Noë s'inclina, prit le bras du jeune prince, regarda une dernière fois la belle Florentine et sortit de la boutique, disant tout bas à son compagnon :

— Allons au Louvre; M. de Pibrac sera quelque peu étonné, sans doute, de recevoir notre visite.

. . . .

Les deux jeunes gens sortis, Paola quitta le comptoir et fit un pas vers cette arrière-boutique qu'elle avait abandonnée en voyant entrer les deux gentilshommes. Mais sur sa route elle rencontra Godolphin. L'être chétif et bizarre était plus pâle que de coutume; ses lèvres minces tremblaient d'émotion et de fureur.

— Signora, dit-il en se plaçant résolument devant la fille de René, vous avez encore désobéi à votre père aujourd'hui?

— Que t'importe? fit-elle avec hauteur.

— J'ai ordre de veiller sur vous, vous le savez bien cependant.

— Toi? dit-elle avec un accent de mépris inconcevable.

— Moi, dit Godolphin.

— C'est-à-dire que mon père t'a placé auprès de moi comme un espion, et qu'il t'a chargé de lui rapporter jour par jour et heure par heure toutes mes actions?

— Votre père est mon maître, et j'obéis.

Paola jeta au jeune homme, qui baissait les yeux en parlant, un regard étincelant, sous lequel il frissonna des pieds à la tête.

— Dis donc, misérable, lui dit-elle, qu'un autre motif te pousse à si bien exécuter les ordres de mon père!

A ces paroles, le pâle visage de Godolphin se colora d'un vif incarnat, et une sorte de cri étouffé jaillit de sa poitrine.

— Grâce! balbutia-t-il, en changeant sur-le-champ de visage et d'attitude, et tombant à genoux. Grâce!... je me tairai...

— Misérable fou! poursuivit Paola avec une indignation croissante, as-tu jamais pu croire que je t'aimerais?

— Grâce! Paola, grâce !...

DÉPÔT LÉGAL
1894

Une femme était à demi couchée sur une ottomane venue de Venise (P. 47.)

— Toi, chétif et difforme, toi sans origine, toi, vil laquais...

A ces derniers mots, Godolphin se redressa.

— Je ne suis pas un laquais, Paola, dit-il, je suis un employé.

— Tu as été valet, mon père t'a recueilli je ne sais où...

— C'est possible, mais...

Il passa comme un rugissement dans la gorge crispée de Godolphin; son œil bleu étincela. Il rejeta la tête en arrière avec une fierté suprême.

— Je ne sais pas, dit-il, mais je crois que j'ai du sang noble dans les veines.

Paola haussa les épaules et laissa bruire sur ses lèvres un rire dédaigneux.

— Prends garde, Godolphin, dit-elle; si tu continues à te faire l'espion de mon père, je finirai bien par trouver quelque gentilhomme qui, pour l'amour de moi, te brisera les os si mince qu'on en pourra faire de la pâtée pour les chiens du roi Charles.

Et Paola passa hautaine et dédaigneuse devant Godolphin, qui tremblait de tous ses membres, et elle se retira dans l'arrière-boutique, dont l'accès était interdit au commis de René le parfumeur.

Alors Godolphin se laissa tomber sur un escabeau, prit sa tête à deux mains et murmura avec rage:

— Oh! je la hais et je l'aime... je voudrais la tuer et je donnerais ma vie pour un baiser d'elle...

Puis l'être bizarre fondit en larmes et laboura sa poitrine avec ses ongles...

VII

Cependant Henri de Navarre et Noë, après être sortis de la boutique du parfumeur René le Florentin, descendirent le pont Saint-Michel et gagnèrent la rive droite de la Seine.

Là, ils s'arrêtèrent un moment et parurent tenir conseil.

— Eh bien! dit Henri, allons-nous au Louvre?

— Cela me semble assez sage, répondit Noë, d'autant mieux que, ainsi que nous l'a dit notre hôtelier, M. de Pibrac doit être de service aujourd'hui.

— Mais, observa le prince, il me semble que j'ai une certaine lettre de Corisandre à porter.

— Rue aux Ours, chez l'argentier Loriot, n'est-ce pas?

— Précisément.

Noë eut un fin sourire.

— Je croyais, dit-il, que Corisandre était une perfide et que Votre Seigneurie avait quelque répugnance à...

Noë s'arrêta.

— Tu te trompes, Noë, mon mignon, je n'aime plus Corisandre...

— Bah!

— Et je me vengerai même de sa perfidie.

— Comment?

— En courtisant la belle argentière, son amie.

Noë se prit à siffler un air de chasse :

— Ce qui ne vous empêchera point, Henri, dit-il, à votre retour en Béarn, d'aller faire une humble révérence à Corisandre.

— Jamais!

— Et de lui jurer que vous lui avez été fidèle.

— Hé! mais, dit le prince, tu me fais de la morale, il me semble?

— Dieu m'en garde!

— Et je pourrais bien, moi, te demander pourquoi tu conversais tout à l'heure si agréablement avec la fille de cet abominable René le Florentin?

— Elle est fort belle...

— Peuh!

— Et je trouverais assez plaisant de m'en faire aimer.

— Peut-être serait-ce dangereux...

— Bah! le danger est un charme de plus dans l'amour.

— Noë, Noë, dit le prince, est-ce que ta sagesse s'en va? Naguère tu me trouvais imprudent, voici que tu vas devenir téméraire.

— Je ne suis pas prince, moi, et je ne viens pas à Paris pour...

— Chut! fit Henri, il sera toujours temps de me faire songer aux choses de la politique. Voyons, que décidons-nous?

— Ce que vous voudrez.

— Allons-nous au Louvre?

— Non, allons rue aux Ours. Comme vous, Henri, je suis curieux de voir cette belle argentière dont les yeux fendus en amande doivent vous détourner, au profit de la comtesse, des belles dames de la cour.

Le prince prit le bras de Noë, et tous deux, s'étant renseignés sur leur chemin, traversèrent la place du Châtelet, gagnèrent la rue Saint-Denis et s'arrêtèrent à l'entrée de la rue aux Ours, une des plus étroites du Paris d'alors.

Un jeune garçon de vingt ans, vêtu d'un pourpoint de gros drap marron, coiffé d'un chapeau sans plume et portant une petite boîte sous son bras, débouchait par cette rue au moment où les deux gentilshommes y entraient. Ce garçon avait l'apparence d'un commis de boutique, et Noë l'arrêta.

— Hé! l'ami, lui dit-il, n'est-ce pas ici la rue aux Ours?

— Oui, mon gentilhomme.

— Connaissez-vous dans cette rue un orfèvre du nom de Loriot?

— C'est mon propre patron, messeigneurs, répondit le commis en saluant. Je me nomme Guillaume Verconsin, natif de Châtillon-sur-Seine, et je suis commis orfèvre chez maître Loriot.

— Eh bien! mon garçon, dit le prince, nous ne pouvons mieux tomber, je le vois.

— Vos Seigneuries connaissent maître Loriot?

— Nous sommes envoyés par une dame de qualité qui connaît beaucoup lui et sa femme.

Guillaume Verconsin s'inclina.

— La comtesse Corisandre de Gramont, ajouta Henri.

— Ah! dit le commis, qui sans doute était avancé dans les relations et les affaires de ses maîtres, Vos Seigneuries viennent du Béarn, peut-être?..

— Vous l'avez dit.

— Mon patron n'est pas chez lui, poursuivit Guillaume, mais sa femme y est.

— Eh bien! conduisez-nous à la maison.

Guillaume eut un moment de légère hésitation.

Henri crut en pénétrer le motif et il tira de sa poche la lettre de Corisandre.

— Tenez, dit-il au commis, vous voyez... nous ne sommes ni des escarpes, ni des tire-laine.

Guillaume Verconsin rougit jusqu'au blanc des yeux.

— Excusez-moi, messeigneurs, dit-il, mais on fait passer mon patron pour très riche, bien qu'il ne le: soit pas...

— Hum! grommela Noë.

— Et il n'est de jour, acheva le commis, qu'on ne tente un coup contre sa boutique.

— Bon! murmura Noë à part lui, tu es un bélître. Ce n'est pas à la caisse de ton maître qu'on en veut... à sa femme, je ne dis pas.

Guillaume Verconsin avait rebroussé chemin, et il marchait devant les deux jeunes gens pour leur indiquer la route.

— Venez, messeigneurs, disait-il, la femme du patron est précisément à la boutique, derrière son comptoir.

Vers le milieu de la rue, Guillaume s'arrêta devant une maison qui n'avait qu'un étage.

Mais chaque fenêtre en était garnie de solides barres de fer ; les murs avaient une profondeur respectable, et une robuste porte de chêne, ferrée de haut en bas, était pourvue, à hauteur d'homme, d'un guichet qui s'ouvrait et se refermait chaque fois qu'un visiteur se présentait.

— Ce n'est point la maison d'un bourgeois, pensa Noë, c'est une forteresse.

Guillaume souleva un énorme marteau de bronze qui, en retombant, éveilla de sonores échos de l'intérieur.

Aussitôt le guichet s'ouvrit.

— Qui est là? dit une voix grondeuse.

En même temps les deux jeunes gens virent s'encadrer dans le guichet un visage osseux et parcheminé, accompagné d'une barbe blanche comme la neige.

— C'est moi, père Job, moi, Guillaume.

— Ah! c'est bien, dit le vieillard... es-tu seul?

— Non, ces gentilshommes m'accompagnent.

Le vieillard jeta un regard soupçonneux sur Henri de Navarre et son compagnon.

— Les connais-tu?

— Ils viennent du Béarn.

— Les connais-tu? répéta l'entêté vieillard

— Ils sont munis d'une lettre de la comtesse de Gramont pour Mme Loriot.

— Ah! dit le vieillard, c'est différent. Quoique...

— Allons! cher monsieur Job, dit Henri de Navarre de sa voix la plus câline, rassurez-vous, nous ne venons emprunter ni sur gage ni autrement.

Ces derniers mots tranquillisèrent complètement le défiant premier commis de maître Loriot.

La porte s'ouvrit et laissa voir aux deux visiteurs, en tournant sur ses gonds, un vestibule obscur, à l'extrémité duquel se trouvait un escalier en colimaçon.

A gauche était une petite porte ouverte. C'était la boutique.

— Entrez, messeigneurs, dit le vieillard qui referma la porte sur eux, poussa les trois verrous et ferma les deux serrures.

Maître Job résumait dans sa plus complète acception le type du juif du moyen âge :

Profil anguleux, barbe blanche, front chauve, mains longues et crochues, longue houppelande serrée autour de la taille, — rien n'y manquait.

Il s'inclina trois fois devant les deux jeunes gens et leur dit :

— Vos Seigneuries daigneront-elles me remettre la lettre de Mme la comtesse de Gramont?

— Mais, dit Henri, ce n'est pas à vous que...

— Votre Seigneurie m'excusera, dit le vieux Job, qui salua une quatrième fois, Mme Loriot ne reçoit jamais avant de savoir...

Henri lui tendit la lettre.

Le vieux juif s'en empara et passa dans la boutique, laissant Henri et Noë dans le vestibule.

— Ah çà! dit ce dernier en se tournant vers Guillaume Verconsin, maître Loriot a donc bien grand'peur pour ses trésors?

Le commis se prit à sourire; puis il se pencha à l'oreille de Noë :

— Ce n'est pas cela, dit-il.

— Ah! et qu'est-ce donc?

— Maître Loriot est jaloux.

— Hum! pensa Noë; alors le vieux Job est un niais, car si nous ne venons point pour forcer la caisse de son maître, nous avons peut-être des vues sur sa femme.

Noë achevait cette réflexion lorsque le juif, qui venait de disparaître au fond de la boutique et avait passé la lettre de la comtesse à une femme assise derrière un comptoir grillé qui ne permettait point de distinguer ses traits, — le juif, disons-nous, revint sur le seuil et dit :

— Entrez, messeigneurs, entrez.

Henri de Navarre passa le premier et se trouva dans une vaste pièce un peu sombre, à l'ameublement sévère, dans laquelle plusieurs ouvriers travaillaient assis devant de petites tables qui supportaient chacune une lampe à abat-jour.

Les regards du prince se portèrent vers le comptoir, mais la femme qui s'y trouvait quelques minutes auparavant avait disparu.

— Par ici, messeigneurs, par ici! dit le juif.

Et, de la main, il montrait une porte ouverte au fond de la boutique. Henri marcha droit à cette porte et s'arrêta sur le seuil d'une jolie petite pièce meublée à l'italienne, ornée de tapis orientaux, tendue d'étoffes aux couleurs chatoyantes, et qui avait bien plus l'air de l'oratoire d'une princesse que du salon d'une petite bourgeoise de la rue aux Ours.

Une femme était à demi couchée sur une ottomane venue de Venise.

Cette femme lisait encore la lettre de Corisandre.

Au bruit des pas du prince, elle leva la tête et le prince jeta un cri.

Cette femme qu'il avait sous les yeux et qui se leva précipitamment à sa vue, c'était celle qu'il avait sauvée des mains de René le Florentin, sur la route de Blois à Orléans.

Le juif, après avoir introduit Henri et Noë, avait discrètement fermé la porte, ce qui fit que ni lui ni les ouvriers qui travaillaient dans la boutique n'entendirent le double cri d'étonnement qui fut échangé entre la jeune femme et les deux gentilshommes.

— Vous, madame! fit le prince, c'est vous qui êtes l'amie de Mme de Gramont?

— C'est moi, fit la jeune femme en rougissant, et vous êtes, messire...?

— Chut! dit le prince, comme le dit Corisandre, je viens à Paris incognito.

La belle argentière était pourpre et regardait toujours le prince sans pouvoir trouver un mot.

— Madame, reprit Henri de Navarre, j'étais loin de penser, il y a deux jours, que je me trouvais à table avec l'amie de Corisandre.

— Et moi, monsieur, répondit la jeune femme, je me doutais bien moins encore que j'avais affaire à un prince de race royale...

— Chut! répéta Henri. A Paris je me nomme le sire de Coarasse, tout simplement.

Coarasse est un château qui fait partie du domaine royal de Navarre.

Ces premiers compliments échangés, Henri s'assit auprès de Sarah Loriot, tandis que Noë demeurait à un pas en arrière.

Alors la belle argentière reprit :

— Il y a bien longtemps que je n'ai vu Mme la comtesse de Gramont. Trois ans au moins...

— Ah! dit le prince.

— Son père, le sire d'Andouins, a été mon bienfaiteur et m'a servi de père. J'ai été élevée sous son toit; Corisandre m'a donné le nom de sœur.

— Vous devez l'aimer autant qu'elle vous aime, en ce cas, observa Noë avec une intention maligne qui échappa à la jeune femme, mais qui n'échappa point au prince.

Ces paroles de son jeune ami produisirent, au contraire, une vive impression sur Henri de Navarre; elles eurent pour résultat de lui remémorer la perfide lettre de la comtesse à son amie, et de le remettre par ainsi sur ses gardes.

L'argentière continua :

— Mon mari, Samuel Loriot, était le fils d'un juif converti au catholicisme et qui était né sur les terres du sire d'Andouins. Dans un moment difficile, au moment des guerres d'Italie, messire d'Andouins avait trouvé la caisse du bon-homme Jacob Loriot ouverte et à sa disposition. Il m'a mariée à son fils.

— Mais, dit le prince, à qui la généalogie des Loriot importait peu, vous paraissez la plus heureuse et la plus aimée des femmes, madame.

Sarah contint à grand'peine un gros soupir et se tut.

— Bon ! pensa Noë, voici la première batterie organisée. Corisandre produit son effet. La première chose que fait une femme qui veut se faire cour-tiser est de se poser en victime d'un mari jaloux et brutal.

— Corisandre, poursuivit le prince, qui ne pouvait deviner la pensée de son sceptique ami, aime M. Loriot.

— En effet, répondit Sarah, mon mari a toujours inspiré un grande con-fiance à la comtesse.

En disant cela Sarah soupira une fois encore.

Puis elle jeta un regard qu'elle s'efforça de rendre distrait, et qui ne fut qu'inquiet, sur le sablier placé dans un coin de son joli réduit.

— Hum ! se dit Noë, est-ce que notre visite serait intempestive ?

Comme si elle eût craint d'être devinée, Sarah reprit aussitôt :

— Samuel Loriot sera bien désolé, monseigneur, de ne point s'être trouvé ici aujourd'hui. Mais il ne manquera point de courir à l'hôtellerie de Votre Altesse.

— Il ne nous y trouvera point, aujourd'hui du moins, nous allons au Louvre.

— Eh bien ! demain... et si Votre Altesse... a besoin de lui...

— Aucunement, en ce moment du moins, madame.

— Ah çà ! pensait Noë, qu'a-t-elle donc à regarder ainsi le sablier ?

En effet, tout en causant avec le prince, Sarah paraissait inquiète, préoc-cupée...

Au moindre bruit qui retentissait au dehors, elle tressaillait.

— Décidément, se disait Noë, cette femme a un rendez-vous, et voici l'heure où le galant doit venir.

Le prince ne voyait rien de tout cela, et il cherchait au contraire, tout en admirant et couvant du regard l'enchanteresse créature, à provoquer des confi-dences touchant ce mystérieux voyage de Touraine qu'elle venait de faire et cette rencontre de Réné le Florentin qui aurait eu de si fatales conséquences sans son intervention fortuite.

Mais Sarah paraissait ne point comprendre ou du moins ne pas vouloir répondre, et elle continuait à regarder le sablier.

— Pauvre femme ! pensa Noë, je te vais tirer de cette perplexité.

Et il dit à Henri, qui ne se lassait point d'admirer la belle argentière, tout en la questionnant sans cesse :

— Dites donc, Henri, il ne faut point oublier qu'à la nuit close, on nous en a avertis, il est fort difficile de pénétrer au Louvre.

— C'est juste, dit le prince.

Le cabaret était à peu près désert. Cependant, deux lansquenets jouaient aux dés... (P. 52.)

— Le jour baisse, Henri.

Et Noë se leva.

A son tour le prince poussa un soupir et regarda Sarah.

Celle-ci se hâta de lui dire :

— Mon mari se présentera demain, monseigneur, à votre hôtellerie.

— Bon ! fit le prince en riant, du moins me permettrez-vous de revenir ?

— Ah! monseigneur, fit l'argentière d'un ton de reproche nuancé d'un grain de raillerie, oubliez-vous donc que Corisandre vous aime?

— Non pas, dit le prince, qui rougit à son tour et baissa les yeux.

Sans doute il allait prendre la main de Sarah et la porter à ses lèvres, mais la jeune femme ne lui en laissa pas le temps.

Sa main blanche et mignonne s'allongea vers un guéridon voisin qui supportait un timbre d'argent et une baguette d'ébène.

Elle prit la baguette et frappa sur le timbre.

Au bruit le vieux juif revint.

Sarah lui fit signe de reconduire les deux gentilshommes.

Puis elle s'inclina respectueusement devant le prince, l'accompagna jusqu'au seuil du joli boudoir, baissa de nouveau les yeux sous le feu de son regard, et laissa retomber, en saluant une dernière fois, la draperie qui séparait son réduit de l'atelier.

Le prince s'en alla en soupirant et Noë le suivit.

Le juif leur fit traverser l'atelier, le corridor, ouvrit les trois serrures et poussa les deux verrous de la porte de chêne, se courba jusqu'à terre pour saluer, et, quand ils furent dehors, referma prudemment cette porte qui protégeait les richesses et les amours du vieux Samuel Loriot.

VIII

Henri de Navarre prit Noë par le bras au sortir de la rue Ours, marcha sans mot dire pendant quelques instants et ne releva la tête que lorsqu'il eut tourné l'angle de la rue Saint-Denis.

Là, les deux jeunes gens se regardèrent.

— Eh bien! dit Noë en riant, il faut convenir, Henri, que vous manquez de bonheur.

— Comment cela, mon mignon?

— En ce que cette femme charmante que nous avons rencontrée entre Blois et Orléans et dont vous étiez, convenez-en, passablement amoureux.

— J'en conviens...

— N'est autre que Mme Loriot, femme du bourgeois Samuel Loriot.

— Et tu appelles cela manquer de bonheur, Noë, mon ami?

— Parbleu!

— En quoi, s'il te plaît?

— Bon! avez-vous déjà oublié la lettre de Corisandre?

Le prince se mordit les lèvres.

— Ah! diable! murmura-t-il.

— Oh! continua Noë d'un ton moqueur, vous pouvez lui conter fleurette...

— Tu crois?

— Elle jouera de la prunelle... elle rougira, baissera les yeux... que sais-je? Mme Corisandre ne lui a pas fait en vain sa leçon.

— Et tu croirais à tant de perfidie?

Noë laissa bruire un rire impertinent sous sa moustache blonde.

— Mon cher seigneur, dit-il, les femmes se liguent, se défendent, se soutiennent, entreprennent une croisade terrible contre les hommes, et, loin de s'accuser de perfidie, elles trouvent, au contraire, cela très naturel.

— Celle-là a le sourire d'un ange.

— Toutes les femmes ont un sourire d'ange, c'est convenu. Corisandre aussi. Qu'est-ce que cela prouve?

Et le sceptique Noë continua à rire.

— Morbleu! murmura le prince impatienté, tu ne crois donc pas aux femmes?

— Dieu m'en garde!

— Et s'il en est de perfides comme Mme Corisandre...

— Ma foi! dit Noë, on n'est jamais perfide quand on défend son bien. Corisandre est dans son droit...

— Eh bien! moi, je serai dans le mien, s'écria le prince impatienté, en courtisant la belle argentière.

— A votre aise, murmura Noë.

Et, sifflant un air de chasse, Noë se remit en route.

Henri le suivit sans répliquer; mais au fond, il s'avoua que Noë pourrait bien avoir raison.

Les deux jeunes gens, remontant la rue Saint-Denis jusqu'à la Seine, prirent la rive droite et descendirent vers le Louvre.

— M. de Pibrac m'a vu enfant, dit alors Henri, je gage qu'il me reconnaîtra; qu'en dis-tu?

— Je dis que c'est possible, répondit Noë, mais qu'il faut l'éviter à tout prix.

— Pourquoi?

— Parce qu'un geste, un mot imprudent peuvent lui échapper et trahir votre incognito, monseigneur.

— Tu as raison.

— Et je suis d'avis qu'il vaudrait mieux que je me présentasse seul au Louvre. Je demanderai à le voir et je le préviendrai.

— Bon! dit le prince. En ce cas, je vais t'attendre ici.

Les bords de la Seine n'étaient point alors garnis de quais; le Louvre, cette royale demeure des souverains de France, baignait ses dernières assises dans le fleuve, et çà et là, alentour, se dressaient de chétives maisons aux toits pointus, parmi lesquelles plusieurs cabarets provoquaient par leur enseigne alléchante la soif démesurée des Suisses, des lansquenets et autres soldats commis à la garde du roi.

Un de ces établissements avait écrits sur sa porte, au-dessus d'une énorme branche de houx, ces mots :

Au rendez-vous des Béarnais.

— Parbleu! pensa Henri de Navarre, je dois avoir là un compatriote. Entrons et voyons.

Le cabaret était à peu près désert. Cependant deux lansquenets jouaient aux dés, sur une table graisseuse, dans le coin le plus noir de la salle.

Henri entra. Une jolie fille de vingt ans, portant la jupe rouge et le mouchoir en guise de bonnet des Béarnaises, vint à lui :

— Que faut-il vous servir, mon gentilhomme? demanda-t-elle.

Le jeune prince savait combien la langue maternelle est douce à l'oreille de ceux qui sont loin de la patrie.

— Ce que vous voudrez, ma belle enfant, répondit-il en langue béarnaise.

La jeune fille tressaillit, rougit de plaisir et s'écria :

— Hé! mon oncle, un *pays!*

Et, tandis qu'elle faisait la révérence au prince de Navarre, un petit homme accourut du fond de la salle.

Il pouvait bien avoir cinquante ans, et ses cheveux noirs grisonnaient sur les tempes. Mais ses yeux gris pétillaient, il était leste et bien pris dans sa taille exiguë, et on devinait un enfant du pays basque.

Du reste, son visage ouvert annonçait la franchise, et ce fut la main tendue qu'il s'approcha du prince.

— Vous êtes Béarnais? dit-il.

— Oui, mon maître.

— Et de quel pays?

— De Pau.

— Mordiou! touchez là, dit le cabaretier, les *pays* sont des frères pour moi, à Paris. Eh! Myette, dit-il à la jolie fille en jupon rouge, en se servant toujours de l'idiome du pays natal, va donc chercher une bonne bouteille de vin clairet, le vin de là-bas... tu sais?

— Oui, mon oncle, répliqua la fille en riant, celui qui n'est pas pour les lansquenets.

— Ni pour les Suisses, ni pour les Français, ajouta le cabaretier.

Et il s'attabla sans façon en face du jeune prince.

— Excusez-moi, dit-il, je vois bien que vous êtes un gentilhomme, tandis que je ne suis qu'un cabaretier; mais dans notre pays, les gentilshommes ne sont pas fiers, n'est-ce pas?

— Et tous les braves gens ont la même origine, répondit le prince.

Et après cette franche et noble réponse, il prit la main du cabaretier et la secoua fortement.

— C'est singulier, dit ce dernier tandis que Myette, la jolie Béarnaise, posait sur la table deux gobelets d'étain et une bouteille poudreuse à goulot allongé, c'est singulier, mon gentilhomme, mais plus je vous regarde...

Et, parlant ainsi, il l'envisageait attentivement :

— Ah! c'est que, poursuivit-il, il faut vous dire que dans ma jeunesse j'étais berger dans les Pyrénées, aux environs de Coarasse...

Henri tressaillit...

— Et j'ai bien souvent rencontré un beau gentilhomme qui venait quelquefois même manger dans notre cabane un morceau de fromage de chèvre et boire un verre de piquette.

— Ah! dit le prince, et ce gentilhomme?

— Oh! ma foi! dit le Béarnais, s'il n'y avait pas vingt ans de cela, je croirais volontiers que c'est vous...

Henri se prit à rire.

— J'étais tout juste de ce monde il y a vingt ans, fit-il.

— Mais ça pourrait bien être votre père, tout de même.

— Bah!

— Ah! dame! murmura le cabaretier, il n'y pas trois figures comme la sienne en Navarre.

Le jeune prince souriait.

— Et, dit-il, comment s'appelait ce gentilhomme, mon brave ami?

— Oh! c'est un grand seigneur.

En prononçant ces mots, le cabaretier jeta les yeux sur la main droite du prince et tressaillit.

Puis il se leva brusquement et ôta son béret.

— Votre Seigneurie, dit-il, porte un pourpoint de gros drap et des bottes comme un gentilhomme de peu de marque, mais ça ne fait rien...

Le prince jeta un regard inquiet sur les deux lansquenets.

Les lansquenets jouaient et ne songeaient qu'à leur partie.

Sans doute le cabaretier comprit cette inquiétude, car il remit son béret et se rassit.

Cependant il continua dans ce patois inintelligible pour des oreilles allemandes :

— Figurez-vous, monseigneur, dit-il, que ce gentilhomme dont je vous parle avait une bague...

Le prince tressaillit de nouveau et laissa glisser sa main, de la table sur laquelle elle reposait, jusqu'à son haut de chausses, dans la poche duquel elle disparut.

— Et... cette bague?

— Il nous la montra un jour, à mon père et à moi, un jour qu'il pleuvait et qu'il s'était réfugié dans notre cabane. « Mes amis, nous dit-il, vous voyez cette bague? Eh! je ne la quitterai qu'en mourant. Elle passera à mon fils, et mon fils, quand il sera homme, n'aura qu'à la montrer à tout gentilhomme du pays de Gascogne ou de Navarre pour se faire reconnaître. »

— Mais quel était donc ce gentilhomme ? demanda le prince avec émotion.

— On le nommait Antoine de Bourbon, monseigneur... En disant cela, le cabaretier se leva de nouveau et ajouta tout bas :

— Et c'était le père de Votre Altesse, car je viens de voir sa bague à votre doigt.

— Tais-toi, malheureux! murmura le prince de Navarre, tu m'as reconnu, c'est bien... mais tais-toi !

Le cabaretier se rassit. Et comme la jolie Béarnaise revenait, il versa un verre de vin à Henri, puis, pour lui prouver qu'il respectait son incognito :

— Allons! pays, dit-il, encore un coup de vin clairet. A votre santé !

— A la tienne ! répondit le prince, qui choqua sans façon son verre contre celui du cabaretier.

— Ma parole d'honneur ! pensa le prince, je joue de malheur, et si cela continue, mon incognito ne durera pas vingt-quatre heures. Je n'entre pas au Louvre de peur d'y être reconnu, et le premier Béarnais que je rencontre...

Pendant l'aparté du prince, Myette s'était éloignée.

— Monseigneur, dit tout bas le Béarnais, un grand prince comme vous ne porte point un pourpoint de bure, de grosses bottes, et il n'entre point dans un cabaret sans de bonnes raisons politiques. Mais soyez tranquille, aussi vrai que je me nomme Malican et que je me ferais hacher pour ceux de votre race, personne au monde ne saura que je vous ai reconnu...

— Tu me le jures?

— Foi de montagnard !

Henri regarda le Béarnais, et trouva un tel cachet de franchise et de loyauté sur son visage, qu'il ne douta pas un instant de sa parole.

En ce moment, les lansquenets se levèrent. Ils avaient terminé leur partie, et à voir le visage joyeux de l'un et la mine allongée de l'autre, il était facile de comprendre que le premier avait gagné le dernier denier de son camarade. Le vainqueur jeta une pièce de monnaie sur la table :

— Voilà l'écot, dit-il. Et il sortit en lançant un regard assez dédaigneux sur le prince.

— Canaille ! grommela le Béarnais.

— Chut! dit le prince. Ils s'en vont, et cela m'arrange. Nous pourrons causer.

— Myette! rappela le cabaretier.

La jeune fille accourut.

— Monte donc dans ma chambre, lui dit son oncle, et fais mon lit.

Myette allongea son joli minois en fille mutine et gâtée, puis elle jeta un dernier regard sur le beau *pays*, comme elle l'avait appelé, et elle disparut par un petit escalier qui grimpait à l'unique étage supérieur. Cette fois le cabaretier voulut encore se lever et se découvrir.

— Reste donc assis, dit le prince. Le roi mon père ne te permettait-il pas de t'asseoir? Depuis combien de temps tiens-tu ce cabaret?

— Depuis dix ans, monseigneur.

— Eh bien! Malican, mon ami, dit le prince, j'ai le pressentiment que si tu es demeuré Béarnais de cœur...

— Et dévoué à votre maison, je m'en flatte!

— Tu pourras me servir.

— Oh! pour cela, quand Votre Altesse aura besoin que je me fasse tuer pour elle...

Henri se prit à sourire.

— En attendant, donne-moi des renseignements.

— Sur quoi?

— Sur le Louvre. Vois-tu quelquefois passer le roi?

— Tous les jours.

— Comment est-il?

— Un drôle de prince, monseigneur, disons-le bien bas. Toujours l'air farouche... toujours malade et inquiet.

Le cabaretier baissa la voix.

— On dit pourtant qu'il est bon, mais...'

Malican hésita.

— Mais? fit le prince.

— C'est la reine mère qui le rend ainsi méchant et cruel. Oh ! quelle femme!...

Et Malican prononça ces mots en tremblant.

— Et sa sœur? demanda Henri.

— M\ Marguerite?

— Oui.

Avant de répondre, Malican regarda attentivement le jeune prince :

— Excusez-moi, monseigneur, dit-il, mais le roi votre père m'a toujours laissé mon franc parler, et...

— Parle, mon ami...

— Eh bien! tenez, monseigneur, je ne suis qu'un pauvre diable qui sait à peine signer son nom et réciter son *Pater*, mais j'ai quelquefois de drôles d'idées...

— Ah! dit Henri, tu as des idées?...

— Je devine quelquefois.

— En vérité?

— Et il me semble que je sais pourquoi Votre Altesse se promène aux alentours du Louvre en pourpoint de bure et comme un pauvre cadet.

— Voyons si tu devines?

— Votre Altesse voudrait voir M\ Marguerite... pas vrai? D'autant mieux, poursuivit Malican, que pas plus tard qu'hier il y avait un gentilhomme de notre pays, un capitaine des gardes, le sire de Pibrac, et il jasait avec un autre gentilhomme...

— Et que disaient-ils?

— Qu'on parlait au Louvre d'un mariage entre M\ Marguerite de Valois et le prince de Navarre.

— Alors tu as pensé tout à l'heure... que...

— J'ai pensé que Votre Altesse, suivant la mode de votre pays, ne serait pas fâchée de voir M\ Marguerite à la dérobée, sans être vu, avant de lui faire la cour.

— Et tu pourrais bien avoir deviné, dit le prince en riant.

Malican fronça le sourcil et garda un silence des plus éloquents.

— Eh bien! fit Henri, ai-je mal fait?

— Non, monseigneur.

— Et si M\ Marguerite est laide?...

— Oh! nenni point, dit Malican.

— Elle est jolie?

— Comme un ange.

— Hum ! fit le prince, alors la reine, ma mère, a eu une bien belle idée de me la vouloir donner pour femme...

— Ce n'est pas mon avis, dit franchement le cabaretier.

— Et pourquoi cela, hein?

Malican fut embarrassé un moment, mais il reprit :

— Tout ce qui luit n'est pas or, tout ce qui est beau ne plaît pas.

— Que dis-tu? fit le prince.

Malican garda le silence.

— Voyons, l'ami, dit Henri, explique-toi donc un peu.

— Eh bien! voyez-vous, en Béarn, nous sommes pauvres, mais nous sommes honnêtes : comme disait le feu roi votre père, il vaut mieux être charbonnier et habiter sa cabane qu'être vêtu de soie et de velours et dormir sous le toit des autres.

— Mon père parlait d'or, Malican.

— Le roi de Navarre, poursuivit le Béarnais, est roi d'un petit royaume, et le roi de France est un gros seigneur auprès de lui, mais cependant...

— Eh bien?

— Et je sais, continua Malican, qui ne parut pas prendre garde à l'interrogation du prince, qu'une fille de France est bien séduisante pour un roi de Navarre, mais...

— Explique-toi donc, butor!

— Mais, dit Malican, les filles de France sont quelquefois comme des filles de bourgeois. Elles font parler d'elles.

A son tour, Henri de Navarre fronça légèrement le sourcil.

— Oh! oh! maître, dit-il, tu parles peu, mais tu en dis long...

— Excusez-moi, monseigneur, le feu roi votre père nous avait laissé notre franc parler.

— Eh bien! poursuis...

— Mᵐᵉ Marguerite, voyez-vous, reprit Malican, qui s'enhardissait peu à peu, est une belle princesse qui se pâme quand on lui parle de sa beauté. Et si Votre Altesse avait une occasion de faire un voyage à Nancy...

— Chez mon cousin Henri de Guise?... Eh bien?

— Le duc Henri pourrait lui en confier long sur Mᵐᵉ Marguerite.

— Malican, tu es un bon serviteur et je mettrai peut-être tes conseils à profit. Mais, pour le moment, il faut que j'obéisse à la reine mère, qui veut savoir mon opinion sur Mᵐᵉ Marguerite... Nous nous reverrons.

Au moment où Henri achevait, Noë entra.

— Chut, fit le roi en regardant Malican.

Malican demeura impassible, salua Noë comme il saluait ses pratiques et se contenta d'appeler sa nièce.

Myette redescendit.

— Sers ce gentilhomme, dit Malican, qui n'eut pas l'air de s'apercevoir que Noë venait chercher le prince.

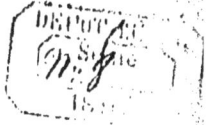

Marguerite de France... Deux jolies cameristes la coiffaient. (P. 63.)

Mais Henri tendit la main à ce dernier. Alors Malican, en homme discret, s'éloigna et alla ranger ses bouteilles et ses gobelets.

— Qu'est-ce qu'il faut vous servir, mon beau seigneur? demanda Myette.

— Rien, ma belle enfant.

Myette fit une petite moue et s'en alla.

— Pibrac vous attend, Henri, dit Noë.

— Ah! il m'attend... Où l'as-tu trouvé?

— Dans le corps de garde des Suisses. J'avais l'air d'entrer au Louvre comme chez moi. Un Suisse a croisé sa hallebarde et m'a dit : « On n'entre pas! — Bah! ai-je répondu, même quand on connaît M. de Pibrac? » Je n'avais pas plutôt prononcé ce nom, qu'un homme est sorti du corps de garde en disant : « Je ne vous connais pas, mais votre accent me dit que vous êtes quelque cadet de Gascogne ou de Béarn qui vient demander ma protection. Et il m'a pris par le bras et m'a conduit dans la grande cour du Louvre.

— Et alors? demanda Henri.

— Alors je me suis contenté de lui remettre la lettre de Mme la reine de Navarre. A la vue du cachet il a tressailli; puis il a lu, et j'ai compris qu'il éprouvait une grande émotion. Enfin il m'a dit :

« — Où est le prince? où est-il? — Chut! ai-je répondu, je vais vous l'aller quérir. M. de Pibrac a alors avisé un page qui dressait un faucon dans le coin de la cour, et lui a fait un signe. Le page est accouru: « Tu vois monsieur? » lui a-t-il dit. Le page m'a regardé. « Monsieur, a continué Pibrac, est un mien cousin du pays de Gascogne. Il va aller quérir un gentilhomme de ses amis, et tu me les amèneras tous deux, — Oui, messire, » a répondu le page. Alors M. de Pibrac s'est penché à mon oreille : « Allez vite chercher le prince, m'a-t-il dit, car je crois pouvoir lui montrer, sur-le-champ, Mme Marguerite. »

Ces derniers mots firent tressaillir Henri de Navarre, et il se leva sur-le-champ.

— Bonsoir, mon pays, cria-t-il à maître Malican.

Et il jeta un écu sur la table. Malican salua.

— Bonsoir, la petite, ajouta le prince qui prit familièrement le menton de la jolie Béarnaise. Au revoir! nous reviendrons. Et il sortit et prit le bras de Noë.

Le Louvre était à deux pas. Le page attendait Noë et son compagnon sur la porte. Il toisa bien un peu le pourpoint de bure et les grosses bottes du prince; mais enfin, comme les deux jeunes gens étaient du pays de M. de Pibrac, et que M. de Pibrac était un gros seigneur au Louvre, il se montra courtois et empressé.

— Venez, messieurs, dit-il.

Ce page était un charmant enfant de quinze ans, rose et blanc comme une jeune fille; il était à ravir dans son justaucorps cerise avec ses chausses bleu-de-ciel, sa collerette de fine dentelle, ses gants de buffle jaune et le toquet à plume blanche qu'il portait fièrement incliné sur l'oreille gauche.

— Comment vous nommez-vous, mon mignon? lui demanda le prince.

— Raoul, pour vous servir, monsieur, répondit le page en saluant.

Il leur fit traverser la cour, monter le grand escalier et parcourir ensuite plusieurs salles qui étaient encombrées de gentilshommes et de soldats.

— Peste! murmura le prince, la reine ma mère n'est ni si bien logée ni si bien gardée, et ce ne serait pas trop de toute la ville de Nérac pour abriter cette cohue de gens d'épée qui tient en trois salles du Louvre.

Le page s'arrêta devant une porte et leur dit :

— Ceci est le logis particulier de messire de Pibrac, capitaine des gardes.

— Hum ! pensa le prince, le vieux sire de Pibrac, son père, habite une masure dont messire son fils ne voudrait probablement pas pour écurie.

Et comme le page ouvrait la porte et soulevait devant lui une draperie, il entra.

IX

M. de Pibrac était un homme d'environ quarante-cinq ans. Grand, sec, le front fuyant, le nez busqué, l'œil petit et vif, il résumait admirablement le type du gentillâtre gascon qui a fait sa fortune à l'aide de sa jactance et de sa valeur. Le sire de Pibrac était né sous le toit vermoulu d'un vieux castel qui tremblait à tous les vents et que quelques terres pierreuses entouraient.

A vingt ans, son père lui avait donné un vieux cheval, une rapière rouillée, un sac de cuir renfermant cinquante pistoles, et lui avait dit : « Quand un gentil-homme est de mince noblesse, il doit devenir son propre aïeul. » M. de Pibrac avait parfaitement compris ce conseil plein de sagesse, et comme il savait, en outre, qu'on ne devient jamais prophète en son pays, il avait piqué des deux vers Paris.

Le roi Henri II venait alors de mourir, laissant la couronne à François II, son fils.

M. de Pibrac avait un oncle à Paris. Cet oncle était employé à la vénerie du roi. M. de Pibrac était veneur, et de plus il s'entendait merveilleusement à dresser les gerfauts. L'oncle était Gascon, comme le neveu. Il savait que jamais personne ne parle mieux de soi que soi-même, et comme il était vieux et n'atten-dait plus rien, ne pouvant plus parler de lui, il parla de son neveu, vanta son adresse à relever un défaut, à dresser un limier, à élever un faucon. Le bruit en vint jusqu'au jeune roi.

Un jour que François II chassait à Saint-Germain et courait un lièvre, les chiens perdirent la voie. On chercha à relever le défaut ; les piqueurs y perdirent leur peine ; les chiens ne retrouvaient pas la voie. Le roi lui-même voulut s'en mêler et n'y parvint pas.

— Qu'on aille me quérir ce Gascon dont on me dit merveille ! ordonna François II, qui ne savait plus à quel saint se vouer.

M. de Pibrac arriva, examina l'endroit où les chiens avaient perdu la voie, tourna et retourna et finit par marcher droit à un chêne que le temps avait creusé, ne lui laissant plus que l'écorce :

— Tenez, dit-il, le lièvre est là.

Et, en effet, il fourra sa main dans un trou creusé dans le tronc et en retira le lièvre par la queue. L'animal avait fait un bond et s'était blotti dans le tronc de l'arbre.

— Foi de roi ! dit François II, voilà un garçon précieux. Je veux me l'attacher.

Et il le prit dans ses gardes.

A partir de ce jour, M. de Pibrac eut le pied sur l'échelle de la fortune et il n'eut plus qu'à monter.

François II mourut. Charles IX lui succéda. Charles IX était encore plus, passionné chasseur que le feu roi.

L'oncle de M. de Pibrac avait si bien répété que son neveu était le veneur le plus expérimenté de France et de Navarre, que le nouveau roi ne dédaigna point de faire venir son garde du corps pour deviser avec lui de *volerie* et de *vénerie*. M. de Pibrac, qui avait écouté les bons avis de son oncle, parlait beaucoup de lui au roi, chaque fois que le roi le mandait, et, un jour, Sa Majesté s'avoua qu'elle pourrait bien, après tout, croire M. de Pibrac sur parole et faire quelque chose pour lui.

— Sire, lui dit un jour Pibrac, si j'étais le capitaine des gardes de Votre Majesté, comme j'entrerais chez elle à toute heure, je pourrais lui faire le récit de plus d'une merveilleuse chasse à l'ours et à l'isard, qui sont bêtes communes en nos montagnes.

— Peste ! dit le roi, vos contes reviendraient un peu cher.

— Bah ! répliqua Pibrac, un roi de France ne doit pas regarder à la dépense.

Charles IX se prit à rire, et M. de Pibrac fut capitaine aux gardes. Telle avait été la fortune rapide du cadet de Béarn, à qui Mme Jeanne d'Albret, reine de Navarre, adressait le jeune prince son fils.

Le page Raoul, en soulevant une lourde draperie, montra aux deux jeunes gens une fort belle salle richement ornée, dans laquelle M. de Pibrac était assis fort nonchalamment dans un vaste fauteuil à clous d'or.

Cependant, au bruit, il se leva vivement, regarda le prince et réprima à grand'peine, en présence du page, un mouvement de surprise que lui arracha la ressemblance de Henri avec le feu roi Antoine de Bourbon, son père.

— Entrez, messieurs et chers compatriotes, entrez...

Et d'un geste il congédia Raoul. Le page salua et disparut. Alors M. de Pibrac changea de ton et d'attitude et s'inclina fort respectueusement devant le jeune prince.

— Votre Altesse, dit-il, ne saurait arriver plus à propos. Et si elle veut me suivre, je vais lui montrer Mme Marguerite.

— Sans qu'elle me voie?

— Sans qu'elle voie Votre Altesse.

— Ventre-saint-gris ! murmura Henri de Navarre, la reine, ma mère, a, je le vois, montré un grand sens en m'adressant à vous, monsieur de Pibrac.

M. de Pibrac s'inclina. Puis il dit à Noë :

— Vous, mon jeune ami, vous allez nous attendre ici.

— Hé ! dit Noë, j'aimerais mieux voir la princesse, moi.

— C'est impossible : on a grand'peine à tenir deux dans le lieu où je conduis Son Altesse.

— C'est différent, murmura Noë.

Alors M. de Pibrac conduisit le prince vers le fond de la salle, devant un vaste bahut vitré qui enfermait une grande quantité de livres et de manuscrits parfaitement rangés sur leurs rayons :

— Ce sont mes livres de vénerie, dit-il.

— Est-ce que, fit le prince en riant, vous me voudriez montrer Mme Marguerite en peinture?

— Oh ! non certes, répondit Pibrac.

Il tourna la clef qui fermait le bahut, et le bahut s'ouvrit. Puis il écarta deux volumes, passa la main à travers, pressa un ressort habilement dissimulé, les livres tournèrent sur leurs rayons, et le fond du bahut s'ouvrit et laissa voir un passage secret...

— Oh! oh! fit le prince, reculant de surprise.

— Monseigneur, répondit M. de Pibrac, ceci est un des moindres mystères du Louvre. Et comme le jeune prince paraissait de plus en plus étonné :

— Si Mme Catherine de Médicis, continua le capitaine aux gardes, savait que je connais ce passage, elle pourrait bien commander à René le Florentin, son parfumeur, de me faire occire au coin d'une rue ou de laisser tomber dans les aliments de mon prochain repas quelques grains d'une poudre mystérieuse qui m'enverrait dans l'autre monde sous prétexte de coliques.

— Hum! murmura Henri, elle a un bien joli caractère, Mme Catherine, et si la fille ressemble à la mère...

— Je crois même, poursuivit M. de Pibrac, que Mme Catherine, qui cependant a fait creuser presque tous les murs du Louvre, ne connaît point ce passage.

— Comment donc le connaissez-vous? demanda Noë.

— Je l'ai découvert par hasard. C'est Mme Diane de Poitiers qui l'a fait établir. Le roi Henri II couchait en cette chambre, Mme Diane habitait l'appartement de Mme Marguerite ; la nuit elle venait voir le roi.

— Et Mme Catherine ne le connaît pas?

— Non.

— Qu'en savez-vous ?

— Ah! voici, dit M. de Pibrac, qui alla pousser les verrous de la porte par laquelle les deux jeunes gens avaient été introduits. Un soir, je feuilletais les volumes qui se trouvent dans ce bahut. Ma main effleura le ressort, le ressort joua, le bahut s'entr'ouvrit, et je vis, à ma grande satisfaction, apparaître le trou noir que vous voyez. La onzième heure de relevée sonnait à Saint-Germainl'Auxerrois, tout le monde paraissait dormir au Louvre, hormis les sentinelles. Je pris un flambeau et je me risquai dans le passage. Quand je fus au bout, je m'aperçus qu'il n'avait pas d'issue, ou plutôt je remarquai que la porte que j'avais devant moi était condamnée. Je prêtai l'oreille et j'entendis un bruit de voix. Un éclat de rire retentissait en ce moment, frais et sonore. Je reconnus le rire éclatant de Mme Marguerite. Alors je rebroussai chemin sur la pointe du pied, fermai le bahut, soufflai mon flambeau et me mis au lit. Le lendemain, je pris un manuscrit latin qui traitait de vénerie, et je m'en allai chez Mme Marguerite. Mme Marguerite sait le latin aussi bien que messire l'abbé de Brantôme.

« Madame, lui dis-je, j'ai toujours été votre serviteur, mais je sais que je deviendrais votre esclave, si vous daigniez me faire la lecture de ce livre qui est pour moi le grimoire de Satan. « La princesse prit le livre, et tandis qu'elle lisait, j'inspectai la chambre du regard. J'aperçus dans un coin, au chevet du grand lit d'ébène à dossier écussonné, à demi perdu dans la pénombre des rideaux, un Christ d'ivoire.

— Oh! le merveilleux travail! m'écriai-je.

Je m'approchai du Christ, je l'examinai attentivement et, ayant passé le doigt sur la cheville figurant le clou qui traversait les pieds de Notre-Seigneur et les fixait tout sanglants sur la croix, je sentis cette cheville tourner. Mᵐᵉ Marguerite lisait toujours et n'avait point levé la tête. Je tirai la cheville à moi, elle céda, et je vis un petit trou noir par lequel il m'arriva une bouffée d'air.

Alors je mis la cheville dans ma poche. Puis, quand Mᵐᵉ Marguerite eut terminé sa lecture, je m'en allai.

— Hé! mais, dit Amaury de Noë, vous êtes plein d'imagination, monsieur de Pibrac.

— Monsieur, répondit le capitaine gascon, c'est avec cette qualité-là que, dans notre pays, nous suppléons aux écus qui nous font défaut.

Henri de Navarre riait. M. de Pibrac poursuivit:

— Le soir, je rouvris mon bahut, je me glissai dans le couloir et je fus guidé presque aussitôt par un filet de lumière. Ce filet de lumière provenait de la chambre de Mᵐᵉ Marguerite et passait par le trou des pieds de Notre-Seigneur. Je m'approchai, retenant mon haleine, étouffant le bruit de mes pas; je collai mon œil à ce trou et vis la fille de France que ses cameristes étaient en train d'attifer et qui s'en allait au bal. Alors, de peur qu'un jour ou l'autre Mᵐᵉ Marguerite ne sentît un léger courant d'air, je me procurai un morceau de liège, je le taillai menu, et je bouchai le trou. Seulement, je l'ôte quelquefois, quand j'ai besoin de voir...

— Et avez-vous quelquefois ce besoin?

— Assez souvent... Quand Mᵐᵉ Catherine rumine quelques méchancetés, elle va consulter sa fille.

— Et que dit sa fille?

— La princesse est bonne, mais Mᵐᵉ Catherine est entêtée. Un soir, je vis entrer la reine chez sa fille. Elle était de méchante humeur; elle me regarda de travers en passant. Je me glissai vers mon trou. Quelque chose me disait qu'il me serait utile d'écouter.

— Que se passa-t-il donc chez la princesse?

— La reine entra et lui dit : « Margot, ma chérie, le roi prend en amitié le prince Louis de Condé, ce méchant huguenot, et si nous n'y mettons ordre, avant qu'il soit trois mois, on ne dira plus la messe au Louvre, mais on ira au prêche. Et savez-vous, ajouta la reine, d'où vient la grande amitié du roi? — Non, dit la princesse. — Elle vient de ce que le prince de Condé a donné au roi deux chiens qui valent plus à eux deux que toute la meute royale. — Eh bien! qu'y faire? demanda Mᵐᵉ Marguerite. — Hé! le sais-je? dit la reine avec humeur. C'est ce Gascon de Pibrac qui dirige les chenils du roi. Si Pibrac était un homme avec qui on pût s'entendre... mais c'est un niais qui est dévoué à Condé presque autant qu'au roi... et, le premier, il a déclaré les deux chiens incomparables. Décidément, ajouta la reine, ce Pibrac me déplaît. Il faudra que René lui envoie quelque parfum. » Vous pensez bien, monseigneur, ajouta M. de Pibrac, que je regagnai mon lit assez inquiet. Le lendemain, le roi chassait à Meudon. Je descendis au chenil de grand matin, avant le lever des piqueurs, et je m'approchai des deux chiens du prince de Condé. L'un se nommait Cyrus et l'autre Xerxès. J'avais ruminé toute la nuit un moyen de convertir en abominables *carnes* ces deux vaillantes bêtes.

— Et vous trouvâtes ce moyen?

— Je l'avais trouvé en descendant au chenil. J'avais dans ma poche une mèche soufrée, j'y mis le feu, et prenant Cyrus à la gorge, je lui en fis respirer fortement les exhalaisons et la fumée. Puis je fis subir la même opération à Xerxès, et je remontai faire ma toilette de chasse. Quand on découpla, en dépit d'un temps admirable, les deux chiens n'eurent pas de nez et firent défaut sur défaut. Le roi Charles eut un accès de colère. Il tua Cyrus d'un coup d'arquebuse et dit brutalement au prince de Condé : « A l'avenir, mon cousin, vous pouvez vous dispenser de me faire de pareils cadeaux. » Le prince quitta la chasse et ne parut point au Louvre le soir. Le lendemain, acheva M. de Pibrac, la reine mère me fit un salut charmant. Vous voyez, monseigneur, que la cheville du Christ m'a servi à quelque chose. Venez...

Le capitaine aux gardes prit Henri de Navarre par la main et l'entraîna dans le couloir mystérieux et sombre.

— Marchez doucement, lui dit-il à l'oreille. Au Louvre les murs sont sonores.

— Soyez tranquille!

M. de Pibrac ajouta :

— Mme Marguerite est à sa toilette en ce moment, ses caméristes l'ajustent, et vous l'allez voir dans tout le rayonnant éclat de sa beauté.

Malgré le souvenir de la belle argentière et le peu de sympathie qu'il éprouvait pour le grave sacrement du mariage, Henri de Navarre ne put se défendre d'un léger battement de cœur. La femme qu'on doit épouser produit toujours cet effet-là, fût-elle vieille et laide. Quand le cœur ne bat point d'espérance, il bat de peur.

M. de Pibrac enleva délicatement le bouchon, et Henri vit poindre un rayon de jour.

— Regardez! souffla le Gascon.

Il céda la place à Henri, qui colla son œil au trou pratiqué dans la muraille et demeura ébloui.

Marguerite de France était en ce moment assise devant un grand miroir d'acier, le visage tourné vers le Christ, de telle façon que le prince put la voir tout à son aise.

Deux jolies caméristes la coiffaient.

Marguerite était bien la plus jolie femme du royaume, et les poètes qui l'ont chantée, les chroniqueurs qui l'ont vantée, sont demeurés au-dessous de la réalité. Le prince la trouva si belle qu'il songea soudain à M. de Guise et au Béarnais Malican, et fit aussitôt deux souhaits : le premier de se trouver face à face avec le duc, l'épée au poing et la dague aux dents ; le second, de pouvoir à loisir tordre le cou à Malican qui s'était permis des paroles aussi irrévérencieuses contre une perle de beauté semblable.

Malheureusement la contemplation du prince fut de courte durée, car une porte s'ouvrit dans la chambre de Mme Marguerite et un nouveau personnage entra.

Ce personnage était une femme... une femme âgée déjà et qui, cependant, conservait les traces d'une beauté souveraine, dont l'œil noir brillait du feu de la jeunesse, dont la taille majestueuse et la démarche altière annonçaient l'habitude de la domination.

Cette femme se nommait Catherine de Médicis, austère et sombre figure devant laquelle la France s'inclinait tremblante.

Cette apparition fit éprouver au jeune prince une sensation bizarre .

Un frisson parcourut ses veines, et en même temps, son regar   t attiré par cette femme comme si elle eût possédé un don de fascination étrang.

Il cessa de contempler la princesse et se prit à considérer Catherine.

— La reine! lui souffla Pibrac dans l'oreille.

— J'avais deviné que c'était elle, répondit-il.

Mme Catherine était de mauvaise humeur ; elle avait la lèvre retroussée, les sourcils froncés, et elle aborda sa fille en lui disant :

— Il fait bon être jeune et belle comme vous, ma mie, et n'avoir pas d'autre souci que celui de s'attifer du soir au matin, n'est-ce pas?

Marguerite salua sa mère d'un sourire charmant.

— Quand je serai reine, dit-elle, je me mêlerai des choses de la politique, madame.

— Vous serez reine bientôt, ma fille.

La jeune princesse tressaillit et fit un mouvement sur son siège.

— Ah! dit-elle, ce n'est point décidé encore, je suppose.

— C'est décidé, répliqua froidement Catherine, la politique le veut.

La princesse devint pâle et murmura tout émue :

— Ainsi il faut que j'épouse le prince de Navarre?

— Il le faut.

— Quelque ours mal léché, sans doute, poursuivit Marguerite d'un ton boudeur ; un montagnard, un prince qui sent l'ail et l'oignon.

— Péronnelle! murmura Henri de Navarre avec dépit.

— Et que je m'en aille vivre à Pau ou à Nérac, dans un vieux palais vermoulu où le vent pleure sous les portes, où la pluie passe au travers des toits...

— Ma mie, dit sèchement la reine, avec les beaux écus d'or que le roi Charles, votre frère, vous baillera en dot, le prince, votre époux, rebâtira son château de Nérac.

Mais Marguerite, peu sensible à cette promesse, continua :

— Vivre à Nérac, au milieu de femmes et d'hommes qui vont au prêche!

— On vous fera bâtir une chapelle catholique.

DÉPÔT LÉGAL
1894

A son tour, Henri s'arrêta, et de nouveau il regarda l'étoile (P. 71)

Et la reine accompagna ces mots d'un sourire qui donna fort à penser
à Henri de Navarre.

— Oh! oh! se dit-il, est-ce que Mme Catherine ne voudrait me donner sa
fille que pour me convertir au catholicisme?

Marguerite reprit :

— Les gens de peu et les gens de rien se marient à leur gré...

— Il n'en est pas de même des princes, ma fille.

— Et je suis convaincue que ce prince de Navarre me déplaira affreusement.

— Je n'en crois rien, ma fille. S'il ressemble à son père...

— Eh bien?

— Vous le trouverez charmant.

— Ventre-saint-gris! murmurait Henri de Navarre, je prouverai bien à M⁰ᵉ Marguerite que j'en vaux un autre. Je ne dois pas être plus mal tourné que... M. le duc de Guise.

En songeant au duc de Guise, le prince éprouva un véritable malaise, et il regarda la belle Marguerite.

— Corbleu! se dit-il, Malican est un fieffé menteur, en vérité!

Et, se retournant vers M. de Pibrac, il lui dit brusquement, quoique à voix basse :

— Avez-vous vu M. de Guise?

M. de Pibrac n'avait point été préparé à cette brusque interpellation, et elle le fit tressaillir comme le son d'un clairon fait tressaillir un vieux destrier de bataille.

— Pourquoi Votre Altesse me demande-t-elle cela?

— Parce que... on dit...

— Chut! monseigneur, fit le capitaine, nous en causerons un autre jour...

Mᵐᵉ Catherine continuait :

— Je viens de recevoir une lettre de la reine de Navarre.

— Ah!

— La reine m'annonce qu'elle arrivera à Paris sous cinq ou six semaines.

— C'est bien prompt...

— Et qu'elle sera accompagnée de son fils...

— Madame, dit Marguerite, je me plierai, puisqu'il le faut, aux exigences de la politique; mais... d'ici là...

La princesse s'arrêta.

— Achevez, ma fille, dit la reine.

— D'ici là, continua Marguerite, je vous serai bien reconnaissante de ne plus me parler de la reine de Navarre ni de son fils en gros pourpoint de bure...

Henri eut un mouvement d'impatience :

— Je porterai de la soie, ma mie, pensa-t-il, et... nous verrons...

Marguerite allait sans doute continuer à gloser sur le prince de Navarre qu'elle ne savait pas si près d'elle, lorsque la porte s'ouvrit de nouveau. Un page entra. Ce page, Henri le reconnut. C'était ce joli Raoul qui l'avait introduit une heure auparavant.

— Que veux-tu, mon mignon? demanda la reine.

— Madame, répondit Raoul, messire René le Florentin désire être introduit auprès de Votre Majesté.

— René! s'écria la reine dont le visage rembruni se dérida.

— Oui, madame.

— Il est donc arrivé?

— Il arrive.

— Fais entrer, Raoul, fais entrer !

Le page souleva la portière, et René le Florentin entra.

René était couvert de poussière ; sa collerette était fripée, son pourpoint sale, ses bottes crottées, la plume de son feutre tordue.

Il avait la mine allongée et l'air piteux d'un homme qui a été battu.

— Juste ciel ! s'écria la reine Catherine, comme te voilà fait, René ! d'où sors-tu ?

— Je sors de prison, madame.

— De prison ! exclama la reine.

— Oui, madame, et c'est à ne pas croire qu'en pleine France, à quarante lieues de Paris, un homme que Votre Majesté honore de sa protection tombe aux mains de deux gentilshommes de province et d'un cabaretier, soit foulé aux pieds, garrotté et enfermé dans une cave, où il a failli mourir de faim et de soif.

— Tu rêves ! René.

— Je ne rêves pas madame.

— Mais ces gentilshommes savaient-ils ton nom .

— Je le leur ai dit, je les ai même menacés de la colère de Votre Majesté.

— Et ils ne sont pas tombés à tes pieds ?

— Ils m'ont roué de coups.

L'œil de Catherine lança des flammes.

— Eh bien ! dit-elle, si cela est, René, tu peux être tranquille, tu seras vengé !

— Hein ! fit le prince de Navarre dans sa cachette.

— Et ces gentilshommes seront pendus ! ajouta Catherine.

Le prince était brave, et cependant il eut un léger frisson et ses cheveux se hérissèrent...

X

M. de Pibrac était loin de se douter que les gentilshommes que voulait faire pendre la reine Catherine étaient, en ce moment, l'un auprès de lui et l'autre dans sa chambre.

Cependant la menace de la terrible souveraine lui fit éprouver un malaise identique à celui que ressentait Henri de Navarre.

— Venez, monseigneur, lui dit-il, nous causerons plus à notre aise dans ma c'umbre.

Mme Marguerite avait changé de place, le prince ne la voyait plus. Ce fut peut-être à cause de cela qu'il se laissa entraîner.

Ils sortirent donc du couloir secret et rentrèrent dans la chambre du sire de Pibrac.

Noë s'était assis au coin du feu, avait posé ses pieds sur les chenets, et, un livre à la main, il attendait le prince et son conducteur.

En les voyant reparaître il se leva.

— Est-ce que, demanda-t-il, je ne pourrais pas aussi voir un peu Mᵐᵉ Marguerite?

— A votre aise, répondit Pibrac.

Il lui montra le couloir et lui dit :

— Marchez sur la pointe du pied. Un rayon de lumière vous guidera et vous appliquerez votre œil au trou. Seulement, prenez garde... Au moindre bruit, vous éveilleriez l'attention.

Henri se prit à rire :

— Et tu verras un personnage, dit-il, que tu t'attends peu à trouver au Louvre, je crois.

Noë parut étonné, et M. de Pibrac fixa ses yeux sur le prince comme pour avoir l'explication de ces paroles.

— Tandis que Noë regardera celle qu'on me destine pour femme, répliqua le prince, je vous conterai une aventure qui nous est arrivée...

— Quand?

— Il y a trois jours.

— Où cela?

— Entre Blois et Orléans.

Noë s'engouffra dans le couloir et disparut aussitôt.

Alors Henri vint s'asseoir dans le fauteuil que son ami avait quitté et regarda M. de Pibrac en riant.

— J'ai eu maille à partir avec René le Florentin, dit-il.

M. de Pibrac fit un haut-le-corps et laissa tomber les pincettes avec lesquelles il attisait le feu.

Henri continua froidement :

— Noë et moi nous sommes les gentilshommes dont parle René, et que Mᵐᵉ Catherine veut faire pendre.

Ces derniers mots émurent si fort le digne gentilhomme qu'il oublia de ramasser ses pincettes.

— Comment ! monseigneur, s'écria-t-il, c'est vous !

— C'est nous.

— Ah ! ciel ! mais vous êtes perdus !...

— Allons donc ! fit le prince en riant.

— Monseigneur, dit gravement M. de Pibrac, permettez-moi de vous dire franchement ma pensée : il vaudrait beaucoup mieux avoir pour ennemi l'électeur palatin, l'empereur d'Allemagne, le roi d'Angleterre et le roi d'Espagne réunis, que René le Florentin tout seul.

Et M. de Pibrac prononça ces mots avec un accent si convaincu que le prince en fut lui-même ému.

— Bah! dit-il, Mᵐᵉ Catherine n'a point de qualité pour faire pendre un prince de Navarre.

— C'est juste...

— Et l'eût-elle, peut-être y regarderait-elle à deux fois avant d'accrocher au gibet le futur époux de sa fille.

— Ce que vous dites là, monseigneur, est plein de sens...

— N'est-ce pas?

— Seulement cela ne prouve absolument rien, monseigneur.

— Vous croyez?

— Oh! j'en suis certain.

Noë reparut en ce moment :

— Ah! diable! dit-il, j'ai vu M⁽ᵐᵉ⁾ Marguerite, mais j'ai vu aussi une bien vilaine figure...

— René?

— Et vous aviez raison, Henri, je ne m'attendais pas à le trouver au Louvre.

— Eh bien! dit M. de Pibrac, il y est et je suis plus embarrassé de votre présence ici que de la sienne.

— Ah! par exemple!...

— Monseigneur, reprit le capitaine, quand on a René pour ennemi, il faut s'attendre à tout. Si René vous rencontre, il vous fera arrêter. Alors vous serez bien forcé de trahir votre incognito pour sauver votre tête.

— Diable! je n'avais point pensé à cela.

— Et quand il saura qu'il a eu affaire au roi de Navarre, sa haine croîtra au lieu de diminuer.

— Pourquoi donc?

— Parce que vous êtes huguenot et que la reine Catherine abhorre les huguenots. Or, René et la reine, c'est tout un. Pour plaire à la reine, René mettrait le feu au palais des papes, et pour plaire à René, la reine brûlerait le Louvre.

— Excusez-moi, monsieur, interrompit Noë, mais je suis un pauvre gentilhomme de campagne et je ne comprends pas les choses subtiles que vous nous déduisez.

M. de Pibrac eut un sourire énigmatique.

— La reine, dites-vous, hait les huguenots?

— Elle les exècre.

— Et cependant elle veut marier sa fille à notre prince qui va au prêche.

— Monsieur, répliqua M. de Pibrac, permettez-moi d'ouvrir une parenthèse.

— Faites...

— M⁽ᵐᵉ⁾ Jeanne d'Albret, reine de Navarre, a négocié le mariage du prince son fils avec M⁽ᵐᵉ⁾ Marguerite de France, et la reine Catherine, dans sa politique tortueuse, a pensé que ce mariage pourrait conduire à bonne fin ses plans ténébreux.

— Bon! après?

— M⁽ᵐᵉ⁾ Jeanne d'Albret s'est souvenue de moi et elle a eu raison. Elle m'a adressé Monseigneur, me chargeant de lui servir de guide à la cour de France. La reine de Navarre est la souveraine de mon pays, je suis Béarnais au fond du cœur, et je ferai ce que la reine a voulu. Mais...

A ce *mais*, Henri leva la tête.

— Mais, acheva M. de Pibrac, la reine ne m'a point fait l'honneur de me demander mon avis relativement à ce mariage.

— Eh bien! dit le prince, qui avait écouté attentivement, si je vous le demandais, moi?...

— Je répondrais franchement à Votre Altesse.

— Parlez, en ce cas.

— Monseigneur, dit M. de Pibrac, un prince de votre sang doit prendre chaussure à son pied. Pardonnez-moi la comparaison, je vous en prie.

— Oh! oh! monsieur de Pibrac...

— Votre Altesse m'a demandé mon avis, le voilà. Quand on doit être roi de Navarre...

— Hum! fit le prince, qui s'approcha de la croisée et jeta un mélancolique regard sur la Seine, qui sait?

Et, comme si une lointaine révélation de l'avenir se fût faite en son esprit, il répéta :

— Qui sait?

Puis, regardant M. de Pibrac :

— Eh bien! dit-il, que fait-on quand on doit être roi de Navarre?...

— Et qu'on est huguenot, ajouta Pibrac, on prend une femme de sa religion, on restaure son château de Coarasse et son palais de Nérac, et on ne songe point à venir loger au Louvre, qui est une habitation malsaine et où, à chaque pas, un homme peut glisser au fond d'une oubliette.

Henri demeura pensif un moment et garda le silence.

— Monseigneur, reprit le capitaine gascon, je vous ai dit mon avis, voulez-vous un bon conseil?

— Dites, monsieur de Pibrac.

— Enveloppez-vous dans votre manteau: il est nuit et la nuit tous les chats sont gris, et tous les gens couverts de manteau se ressemblent.

— C'est assez vrai, cela.

— Gagnez l'hôtellerie où vous êtes descendu, faites seller vos chevaux, et d'ici à demain, mettez trente lieues entre Paris et vous.

— Vous me conseillez donc de retourner en Navarre?

— Oui, monseigneur.

— Mais... la reine, ma mère?

— Vous lui direz que vous avez vu la princesse Marguerite et que vous lui avez trouvé une verrue sur le nez, ce qui fait qu'elle ne vous plaît pas.

— Ma foi! murmura Noë, qui était d'un assez grand bon sens à l'occasion, M. de Pibrac pourrait bien parler d'or...

Henri demeurait pensif et baissait la tête.

Tout à coup il ouvrit la croisée aux vitres de laquelle il avait appuyé son front, et il plongea sa tête brûlante dans l'air de la nuit.

Le Louvre était enseveli dans les ténèbres, et la Seine roulait son flot bourbeux; mais çà et là, à l'entour, brillaient des lumières aux croisées des maisons voisines et un murmure confus s'élevait au-dessus de la grande Ville, sur laquelle pesait un ciel orageux et noir.

Pendant quelques minutes, le prince demeura penché vers la rivière, puis il releva la tête et regarda le ciel.

Une étoile scintillait à travers les nuages, et sa clarté étincelante attira le regard du prince.

Soudain il se retourna et dit :

— Monsieur de Pibrac, vous êtes le second Béarnais qui, aujourd'hui, m'ait tenu le même langage ; et, selon l'ordre ordinaire des choses, votre langage doit être la sagesse, mais...

A son tour, Henri s'arrêta, et de nouveau il regarda l'étoile.

— Mais, reprit-il après un silence, voyez cette étoile qui brille au ciel ! je crois que c'est la mienne.

— Elle apparaît au sud-ouest, monseigneur, du côté de la Navarre.

— Elle va monter à l'horizon, répondit Henri, et elle planera sur Paris.

Et comme M. de Pibrac, ni Amaury de Noë ne paraissaient comprendre, le prince ajouta :

— Une voix mystérieuse vient de s'élever au fond de mon cœur, et j'écoute cette voix qui me dit : « Il faut que tu épouses la princesse Marguerite de France non parce qu'elle est belle, non parce que tu l'aimeras ou qu'elle t'aimera, mais parce que les grandes destinées s'accomplissent à travers les obstacles. »

En parlant ainsi, Henri releva fièrement la tête, la porta en arrière, et il eut en ce moment une telle expression de majesté, que M. de Pibrac et Noë en furent pour ainsi dire éblouis.

Le silence régna une fois encore parmi ces trois personnages.

Enfin M. de Pibrac prit la parole :

— Monseigneur, dit-il, les paroles de Votre Altesse m'ont clos la bouche. Je ne sais quelle sera votre destinée, mais je viens de lire dans vos yeux que vous serez un grand roi. Cette étoile qui brille au ciel est la vôtre, dites-vous? Eh bien! regardez-la... suivez-la... n'écoutez d'autres conseils que les siens... les hommes qui croient en leur étoile sont des hommes forts!

— Vous avez raison, Pibrac, répondit le prince. Il y a une heure j'étais un enfant et je ne songeais qu'au plaisir, maintenant la sombre divinité qui préside à la politique vient de m'apparaître et le livre de l'avenir s'est entr'ouvert pour moi. La colère de René, la rage de M⁽ᵐᵉ⁾ Catherine, rien de tout cela ne m'attein-dra... La dague qui doit me tuer n'est point forgée encore...

Et quand il eut ainsi parlé, le prince vint se rasseoir, et comme M. de Pibrac paraissait soucieux :

— A quoi pensez-vous donc? lui dit-il.

— Je cherche en ma cervelle, monseigneur, un moyen d'apaiser la colère de René. Si la morsure d'une vipère n'est pas toujours mortelle, du moins elle produit une enflure douloureuse. Vous êtes à Paris incognito. Si vous ne voulez vous trahir, il faut calmer le ressentiment de René.

— Est-ce avec l'or?

— Non.

Le prince regarda son jeune compagnon :

— Faut-il que Noë lui fasse des excuses?

— Encore moins...

— Eh bien ! alors ?...

— La peur éteint la colère des lâches, dit M. de Pibrac. René est le favori, de Mme Catherine, mais si vous étiez sous la protection du roi...

— Dame ! murmura Noë, ceci serait assez ingénieux. Seulement, comment le roi prendra-t-il tout à coup sous sa protection des gens qu'il ne connaît pas ?

— Monseigneur, vous savez qu'en notre pays les idées sont plus communes que les écus.

— C'est bien vrai, monsieur de Pibrac.

— J'ai une idée.

— Est-elle bonne ?

— Je le crois.

— Et... cette idée ?

— Vous allez sortir du Louvre et vous regagnerez votre hôtellerie...

— Très bien.

— Dans une heure vous recevrez la visite du page Raoul, qui est mon ami.

— A merveille.

— Raoul sera suivi d'un valet qui vous apportera des habits de cour. Vous souperez et ferez votre toilette de gala.

Henri regarda curieusement le capitaine des gardes.

— Il y a bal au Louvre ce soir. Le roi traite et festoie M. l'ambassadeur d'Espagne. On dansera toute la nuit. Votre Altesse connaît-elle un jeu du pays de Touraine qu'on appelle l'hombre ?

— Parfaitement.

— Et le prince y est de première force, ajouta Noë.

— Alors tout est pour le mieux. Je vous en dirai plus long ce soir. Maintenant regagnez votre logis, attendez Raoul et suivez-le aveuglément.

Le prince et Noë s'enveloppèrent dans leurs manteaux, et M. de Pibrac les fit descendre par un petit escalier qui conduisait à une poterne donnant sur la rivière.

— A ce soir, leur dit-il.

Henri et Noë s'en allèrent le long de la rivière, et quand ils furent à une certaine distance du Louvre, le premier dit tout bas :

— Il paraît que décidément Malican était bien renseigné touchant Mme Marguerite.

— Pourquoi donc alors, demanda Noë, voulez-vous l'épouser, Henri ?

— Parce que les princes ne se marient pas, comme les gens de peu, afin d'avoir des enfants... Je te l'ai dit tout à l'heure, je commence à mordre à la politique.

— C'est un fruit vert, Henri. La pomme de l'amour est plus douce.

— Je ne renonce point à celle-là.

— Ah ! vous songez toujours à la belle argentière ?

— Toujours.

Mon père! exclama Paola éperdue. S'il vous trouve ici, il vous tuera! (P. 76.)

— Et, par conséquent, vous oubliez la lettre de Corisandre.

— Noë, mon mignon, la belle argentière m'aimera en dépit de Corisandre.

— Bah! vous croyez?

— Et il m'est passé une drôle d'idée en tête tout à l'heure.

— Laquelle?

— C'est de me faire aimer de Mme Marguerite, qui prétend que je suis un ours mal léché.

Noë éclata de rire et prononça un seul mot :

— *Regain !*

Noë, mon ami, dit le prince, quand je serai roi, je te ferai pendre.

— Pourquoi, monseigneur ?

— Parce que tu médis de la reine de Navarre.

Noë se tut, mais il continua de rire sous sa moustache blonde, et les deux jeunes gens arrivèrent sous le pont Saint-Michel.

— Ah ! parbleu ! dit Noë, la nuit est noire, et puis ce bandit de René doit être encore au Louvre.

— Qu'est-ce que cela te fait ?

— Je vais coller mon œil aux vitres de sa boutique.

— Pourquoi faire ?

— Pour revoir la belle Paola.

— Mais, Noë, mon mignon, dit le prince, tu veux donc que nous soyons pendus ? Après avoir mis ce damné Florentin dans une cave, tu veux lui séduire sa fille ?

— C'est précisément pour n'être point pendu, répliqua Noë.

Et sans attendre une nouvelle question du prince, il s'approcha de la boutique. L'obscurité régnait sur le pont. La boutique était éclairée.

La belle Paola était assise au comptoir ; devant elle se tenait Godolphin, cet être chétif au regard indécis que maître René avait commis à la garde de sa fille.

Godolphin avait un manteau sur le bras et son chapeau à la main ; il causait avec Paola, qui paraissait l'écouter avec une grande indifférence

Noë se recula vivement.

— Retirons-nous, dit-il, il va sortir.

Et, en effet, à peine les deux jeunes gens s'était-ils écartés de quelques pas que la porte de la boutique s'ouvrit. C'était Godolphin qui sortait.

— Vous allez fermer la boutique, Paola ? dit-il.

— Oui, répondit la jeune fille.

— Je vais chez le drapier qui m'a promis le justaucorps de votre père pour ce soir.

— Mon père ne viendra pas ce soir, dit Paola. Il n'est point arrivé, il ne viendra que demain.

— Très bien ! murmura Noë qui entendit ces mots.

— Au reste, ajouta Godolphin, je ne serai pas longtemps.

— Prenez votre temps, fit la jeune fille d'un ton moqueur. Je ne soupire point après vous, beau Godolphin.

Le jeune homme soupira et s'en alla d'un pas brusque et saccadé.

— Voilà, dit Noë tout bas, un rival qui ne me fait pas grand honneur.

Il suivit des yeux Godolphin, qui disparut à l'extrémité du pont, et, serrant le bras du prince :

— Henri, lui dit-il, faisons alliance.

— C'est fait.

— Je vous servirai pour la belle argentière.

— J'y compte bien.

— Et vous m'allez laisser en tête à tête avec la jolie parfumeuse. Rentrez à l'hôtellerie, je vous y rejoindrai.

— Mais, malheureux ! dit Henri de Navarre, René va venir.

— Bah !

— Et nous ne sommes plus dans une hôtellerie de province. La Seine coule sous le pont, et l'on se noie dans la Seine.

Mais Noë, abandonnant le prince, s'approcha de la boutique. Paola en entr'ouvrait précisément la porte pour respirer l'air, peu soucieuse de mettre à profit les recommandations du jaloux Godolphin.

A la vue d'un homme qui s'avançait vers elle, la jeune fille fit un mouvement de retraite. Noë en profita et entra résolument en ouvrant son manteau.

Paola reconnut le beau gentilhomme qui prétendait connaître son père, et elle se prit à rougir.

— Excusez-moi, mademoiselle, dit-il, je viens un peu tard, mais je suis un gentilhomme de province et j'ignore les usages... Brrr ! ne trouvez-vous pas qu'il fait froid?

Et Noë poussa doucement la porte de la boutique.

— Mais, monsieur... dit la jeune fille.

— Excusez-moi, j'ai oublié quelque chose ici, tantôt.

— Vous avez... oublié... et quoi donc, messire?

— Oh ! dit Noë en lui jetant un regard, une chose que vous pouvez me rendre... Et il poussa le verrou de la porte que la jeune fille avait déjà fermée.

— J'ai oublié mon cœur, acheva-t-il.

— Monsieur? fit Paola qui essaya de prendre un ton sévère et rougit plus fort.

— Mademoiselle, dit rapidement le jeune homme, je ne vous trouverai peut-être jamais seule, et il faut absolument que je profite de ces quelques instants... je suis gentilhomme... ne craignez rien...

— Enfin, monsieur, tout gentilhomme que vous êtes...

— Et je vous aime, ajouta-il.

La jeune fille jeta un regard inquiet sur les vitres de la boutique qui n'étaient point encore pourvues de leurs volets :

— Oh ! mais partez, dit-elle, si Godolphin revenait... mon père...

Au lieu de partir, Noë tomba à genoux et la regarda :

— Vous êtes belle ! murmura-t-il.

— Mon Dieu ! mon Dieu ! dit la pauvre fille d'une voix tremblante, si mon père... Et relevant le jeune homme :

— Au moins, dit-elle, ne restez pas là, on vous voit en passant sur le pont, venez ici....

Elle ouvrit la porte de cette arrière-boutique où elle se tenait d'ordinaire, et qui était un joli petit réduit aussi luxueusement meublé que l'oratoire de

Mme Marguerite de France. Puis, prenant la main de Noë, elle l'y attira doucement et laissa retomber une draperie entre eux et la boutique. Noë se remit à
genoux. Paola tremblait bien un peu, mais son cœur battait d'une douce ivresse,
et, en voyant un gentilhomme à ses pieds, l'ambitieuse fille avait fini par
oublier ses terreurs.

Cependant, comme elle était femme, et que dans la défaite les femmes
veulent toujours paraître victorieuses, elle lui dit, essayant de rendre son into-
nation plus sévère encore :

— Savez-vous bien, monsieur, que votre audace est inqualifiable ?

— Je vous aime... répéta Noë.

Il lui prit la main et la porta à ses lèvres.

— Mais fuyez donc! dit-elle encore, tandis qu'elle laissait sa main dans
la main de Noë, fuyez...

Mais Noë n'eut pas le temps de répondre. On frappa rudement à la porte de
la boutique.

— Mon Dieu! fit Paola pâlissant.

— Paola? Godolphin? disait une voix au dehors.

— Mon père! exclama Paola éperdue. S'il vous trouve ici, il vous tuera!

Et du regard elle cherchait un endroit où cacher le beau gentilhomme.

— Là... là... dit-elle tout à coup, mettez-vous là...

Elle indiquait la porte d'une petite pièce qui lui servait de cabinet de
toilette. Et comme Noë n'allait pas assez vite, elle l'y poussa et ferma la porte
en lui disant :

— Ne bougez pas! mon père vous tuerait.

Puis elle alla ouvrir au terrible favori de la reine mère

XI

Paola, toute tremblante encore, tira le verrou fermé par Noë. Elle était
fort pâle, et si René avait joui de son calme habituel, peut-être eût-il remarqué
en elle un trouble inusité. Mais René était de méchante humeur, et il se
contenta de dire assez brutalement à sa fille :

— Vous dormiez donc, que vous vous pressiez si peu de me venir
ouvrir?

— Je ne dormais pas, répondit Paola, qui remarqua la toilette fripée de
son père.

— Alors pourquoi vous enfermez-vous?

— Parce que Godolphin est sorti.

— Et où est-il allé, ce coureur, ce vagabond, ce mendiant? exclama le
Florentin.

— Chez le drapier, chercher votre justaucorps de gala.

René se débarrassa de son manteau, jeta son feutre sur un siège et entra
dans le joli réduit de sa fille.

Paola eut un affreux battement de cœur; mais bientôt elle parvint à se maîtriser, et, comme son père s'était jeté sur un siège, elle s'assit en face de lui et roula par mégarde son fauteuil devant la porte du cabinet où Noë était blotti. René vomit deux ou trois jurons, grommela quelques mots sans suite, puis regarda sa fille.

— Peste! dit-il, vous êtes toujours vêtue comme une princesse, ma fille. Est-il besoin, pour vendre des odeurs et des parfums, d'être ainsi attifée?

— Mon père, répondit Paola, préféreriez-vous que je fusse vêtue comme une mendiante?

— Comme une mendiante, non; mais suivant votre condition. Je suis un parfumeur, moi, voilà tout.

— Tout Paris sait que vous êtes le favori de la reine.

René haussa les épaules.

— Qu'est-ce que cela prouve? fit-il.

— Que vous pénétrez chez elle à toute heure, continua Paola.

— J'entre chez la reine comme son parfumeur.

— Et son confident, mon père. Voudriez-vous donc que les bourgeois de Paris et les gentilshommes qui passent....

Ce mot de gentilhomme fit bondir le Florentin.

— Que parlez-vous donc de gentilshommes? fit-il: les gentilshommes n'ont rien à démêler avec vous.

— Cependant vous prenez cette qualité, observa Paola d'un ton ferme.

— Eh! qu'importe?

— Vous savez bien que vous êtes riche, mon père, très riche, presque autant que le roi.

— Tais-toi, malheureuse!

— Au lieu de persister à tenir boutique, comme des gens qui ont besoin de travailler pour vivre, pourquoi n'achetons-nous point un hôtel, n'avons-nous point des laquais? Pourquoi ne me mariez-vous point à un seigneur?

— Sang du Christ! exclama René, mais tu veux donc tuer ton père, malheureuse enfant?

Ces mots échappés à René jetèrent la jeune fille en une stupéfaction profonde. Elle regarda le Florentin, essaya de comprendre et n'y put parvenir. Sans doute que René s'aperçut qu'il avait été trop loin et que ces façons de brutaliser sa fille ne triompheraient point de son obstination. Il changea de ton tout à coup.

— Pardonne-moi, dit-il en lui prenant la main. J'ai l'air d'un père barbare qui sacrifie son enfant... Et cependant...

Cet homme, qui avait un cœur de tigre, éprouva un moment d'émotion; il regarda Paola, et des larmes roulèrent dans ses yeux.

— Et cependant, reprit-il, Dieu m'est témoin que je te voudrais voir au bras d'un seigneur qui t'apporterait un vieux nom bien noble en échange de l'or que je te donnerais; qu'en place de te voir assise derrière ce misérable comptoir... je te voudrais en un somptueux logis, au milieu d'une légion de valets, vêtue de soie et couverte de fines dentelles... Car tu es belle, ma Paola, je suis riche, et je n'aime que toi en ce monde... Mais...

— Eh bien! dit Paola, pourquoi ne le voulez-vous point, mon père?

— Parce que le jour où cela arrivera, reprit René d'un air sombre, je mourrai.

— Ciel! que dites-vous?

Le Florentin prit sa fille sur ses genoux et ajouta :

— Ecoute-moi, Paola, tu ne crois peut-être pas à l'influence des astres, toi?

— Oh! non, répondit-elle.

— Aux prédictions des bohémiens?

— Encore moins. Je suis chrétienne, dit Paola.

— Moi aussi, dit René, mais j'y crois parce que cela est.

Il y avait un tel accent de conviction dans ce que disait le Florentin, que la jeune fille soupira, mais n'osa plus le contredire. René continua :

— Dans ma jeunesse, j'étais un enfant du peuple, un petit mendiant qui faisait des commissions et portait les paquets et les valises des voyageurs dans Florence pour deux paoli. Un jour, une vieille gitana, qui disait la bonne aventure au coin d'une rue et à qui je tendis la main, en examina les lignes, et je la vis tressaillir tout à coup, puis elle examina le ciel, ses regards se portèrent sur mon visage. « Que vas-tu me prédire, vieille sorcière? » lui demandai-je en riant, car alors j'étais comme toi, incrédule, ma fille. Elle m'entraîna à l'écart et me dit : « Tu feras une grande fortune, tu auras plus d'or qu'un prince, tu seras noble et tu deviendras le favori d'une des souveraines les plus puissantes du monde. On tremblera devant toi, car tu auras un pouvoir immense. — Et... serai-je heureux? » lui demandai-je. Elle ferma les yeux comme si elle eût voulu lire au-dedans d'elle-même. « Je te vois dans bien des années d'ici, dans une grande ville, vers le nord. C'est là que tu seras puissant, me dit-elle; tu es à la fois marchand et grand seigneur. — Et je suis heureux? — Jusque-là, oui. — Qui doit être cause de mon malheur? — Une femme. Cette femme sera ta fille et elle causera ta mort le jour où tu cesseras d'être marchand et où elle épousera un gentilhomme. » Tu le vois, acheva René d'un air sombre, c'est parce que je ne veux pas mourir que je garde cette boutique et que... tu n'épouseras point un gentilhomme.

— Mais, mon père, dit Paola, la bohémienne s'est trompée peut-être.

— Non, car tout ce qu'elle m'avait prédit s'est réalisé.

Paola baissa la tête, et une larme glissa de ses longs cils sur sa main.

— Comprends-tu, maintenant, poursuivit le parfumeur, pourquoi je veux que tu restes ici, pourquoi j'ai commis Godolphin à ta garde?...

— Oh! Godolphin, dit Paola, je le hais.

— Moi aussi, murmura René, mais j'ai lu dans les astres que si Godolphin meurt, je perdrai ma puissance.

— Mon Dieu! mon Dieu! dit Paola avec désespoir, car elle comprenait que la superstition de son père était un obstacle infranchissable.

— Allons! dit le parfumeur qui redevint brutal et grondeur, au lieu de pleurer, petite sotte, va faire tes prières et te coucher. Moi, je vais endosser mon habit de gala et me rendre au Louvre.

René se leva et monta au premier étage pour s'habiller.

Prompte comme l'éclair, Paola courut à la porte du cabinet de toilette. Elle allait sans doute l'ouvrir pour délivrer Noë et le faire sortir précipitamment. Mais au même instant, on frappa à la porte de la boutique et la voix de Godolphin cria au dehors :

— C'est moi, Paola !

— Mon Dieu ! murmura la jeune fille, je suis perdue !

Elle ouvrit à Godolphin.

Le bizarre commis de maître René apportait l'habit.

— Mon père est là-haut, dit Paola; monte-lui son habit.

Mais, comme si tout eût conspiré pour retenir Noë prisonnier, René redescendit.

Donne-le-moi, dit-il. Mets les volets à la boutique et couche-toi.

Dix heures sonnaient à Saint-Germain-l'Auxerrois.

René endossa son pourpoint neuf, ajusta son épée, prit son feutre et son manteau, et sortit après avoir baisé sa fille au front. Godolphin exécuta les ordres de son maître, ferma solidement la boutique et poussa tous les verrous.

— O ciel ! pensait Paola, ce jeune gentilhomme va-t-il donc passer la nuit ici ?

Godolphin retira de dessous le comptoir un matelas et des couvertures qu'il étendit sur le sol.

— Bonsoir, Paola, dit-il, jetant un long regard à la jeune fille.

— Bonsoir... dit-elle d'un ton sec.

Elle rentra dans le joli réduit, ferma la porte au verrou laissa retomber la lourde draperie et courut ouvrir à Noë.

— Ouf ! murmura tout bas le jeune homme, j'étouffais là-dedans !...

— Ah! monsieur ! lui dit Paola, comment sortir d'ici ?

— Diable ! dit Noë, cela me paraît difficile.

— Et demain mon père viendra... peut-être même rentrera-t-il cette nuit...

— Bah ! dit Noë, ne vous inquiétez pas, je vais sauter par la fenêtre.

— La fenêtre donne sur la Seine.

— Je sais nager... Avez-vous une corde ? demanda le hardi compagnon du prince de Navarre.

Paola poussa un léger cri de joie que faillit entendre Godolphin.

— Oui ! dit-elle, là-haut, dans le laboratoire.

Et, légère comme une biche effarouchée, elle grimpa l'escalier et en redescendit quelques minutes après avec une belle corde neuve de la grosseur du pouce.

— Elle est mince, dit Noë, mais je la crois solide.

Paola ouvrit la croisée et le jeune homme fixa fortement le bout de la corde à l'un des gonds du volet.

— Maintenant, que tout est prêt pour mon évasion, il me semble que nous avons bien le temps de causer.

— Non! non! fit-elle effrayée, fuyez... j'ai peur... n'avez-vous pas entendu mon père?

— Certainement.

— Vous le voyez, il a des idées à lui. Il est superstitieux.

— Et vous?

— Moi, je ne crois pas à ces sottes prophéties.

— Eh bien! dit Noë qui osa prendre un baiser à la jeune fille, aimons-nous dans l'ombre et le mystère. Vous verrez que votre père continuera à bien se porter...

— Mais, monsieur...

— Ah! dit Noë du ton d'un enfant boudeur, si vous ne me promettez pas que nous nous reverrons, je saute à pieds joints sur l'entablement de la croisée et de là dans la Seine sans toucher à la corde, et je vais me briser la tête contre une des piles du pont.

— Mais c'est du délire!... Et je ne veux pas...

— Permettez-moi de revenir demain.

— Ici...? Y pensez-vous? Mais Godolphin ne sortira pas.

— Cela m'est égal... Vous allez voir. Demain soir, quand Godolphin sera couché ou endormi, je descends au bord de l'eau, je détache une barque, je passe sous le pont. Au moment où je passe, vous me tendez la corde. Je m'y cramponne et je fixe mon bateau sous le pont.

— Mais on ne grimpe point après une corde aussi facilement qu'on se laisse glisser.

— J'ai prévu le cas.

Tout en parlant, Noë portait les mains de Paola à ses lèvres et les couvrait de baisers.

— Voyons! achevez, étourdi! fit-elle avec un sourire.

— J'aurai une échelle de soie, je l'attacherai au bout de la corde; vous retirerez la corde et vous fixerez l'échelle à la croisée. Alors je monterai chez vous aussi facilement que si j'avais à gravir le grand escalier du Louvre.

Paola paraissait hésiter encore.

— Voyons! est-ce convenu? fit Noë. Un, deux... Si vous me laissez compter jusqu'à trois, j'exécute ma menace.

— Arrêtez! dit-elle pleine d'effroi... A demain.

Il la prit dans ses bras et lui donna un long baiser.

— A demain, répéta-t-il.

Et, saisissant la corde à deux mains et l'entourant de ses deux jambes croisées, il se laissa hardiment glisser dans le vide. Paola eut un horrible battement de cœur pendant quelques secondes. Elle vit Noë glisser rapidement le long de la corde, toucher l'eau et disparaître. Alors elle eut peur.

— S'il allait se noyer! pensa-t-elle.

Mais sa terreur fut de courte durée.

Après avoir plongé, Noë reparut à dix brasses plus loin et se mit à nager tranquillement vers la berge, sur laquelle il eut pris pied au bout de cinq

Le roi frappa sur un timbre; un chambellan parut. (P. 85.)

minutes. Et, remontant jusqu'à la rue Saint-Jacques, il se prit à courir jusqu'à l'hôtellerie, où l'attendait Henri de Navarre.

Le prince se demandait avec inquiétude si Noë n'avait pas été surpris par René aux pieds de sa fille et tué sur place. En le voyant apparaître, il jeta un cri de joie qui fut bientôt suivi d'un cri d'étonnement et d'un éclat de rire. Noë, trempé jusqu'aux os, couvert de fange, était dans un état déplorable ; mais comme il riait très fort, le prince crut pouvoir rire aussi.

— D'où sors-tu ? et que t'est-il donc arrivé ?

— J'ai pris un bain dans la Seine. L'eau est froide...

— Il t'a jeté à l'eau ?

— Qui ?

— René.

— Morbleu ! non. C'est moi qui m'y suis jeté tout seul, ou plutôt j'y suis descendu avec une corde.

— Comment cela ?

— Ah ! dame ! monseigneur, laissez-moi changer de vêtements d'abord. Je vous conterai mon histoire après.

Ces quelques mots étaient échangés entre les deux jeunes gens dans la chambre qu'ils occupaient à l'hôtellerie, — dans laquelle, du reste, personne n'avait remarqué, au moment où il traversait la cuisine, que Noë était mouillé. Ils étaient seuls et pouvaient causer librement.

Henri, en attendant son ami, s'était fait servir à dîner.

Noë se dépouilla de ses habits trempés, prit une couverture, se roula dedans et vint se mettre à table dans ce costume pittoresque. Alors il conta son aventure au prince ébahi de tant d'audace, mais plus ébahi encore des idées superstitieuses de maître René le Florentin.

— Parbleu ! dit Henri qui se frappa le front soudain, je ne sais quel moyen M. de Pibrac a trouvé pour nous préserver de la morsure venimeuse de ce vilain parfumeur, mais moi j'en ai trouvé un, maintenant. J'ai un projet.

— Peut-on le connaître ?

— Non. Plus tard, il n'est point suffisamment mûri. Tu dis que René va au bal du Louvre ?

— Il est parti.

On frappa discrètement à la porte.

— C'est le page Raoul, sans doute, dit le jeune prince.

— Entrez ! cria Noë, la clef est sur la porte.

Un homme entra. Ce n'était point Raoul. C'était une sorte de courtaud de boutique vêtu de gris, à la mine inintelligente et candide, que les deux jeunes gens reconnurent sur-le-champ pour celui qui les avait introduits dans la journée chez la belle argentière. A sa vue, Henri de Navarre tressaillit et eut un battement de cœur.

Le commis salua, ouvrit son pourpoint et en retira une lettre qu'il tendit silencieusement au prince.

Puis il salua de nouveau, et se retira avant que les deux jeunes gens stupéfaits eussent songé à le retenir.

— Peste! fit Noë, est-ce que les amours de Votre Altesse iraient aussi bon train que les miennes.?

Henri ouvrit la lettre et lut :

« MONSEIGNEUR,

« L'homme qui vous remettra cette lettre m'est dévoué jusqu'à la mort. Je « compte sur votre loyauté pour brûler ce papier sur-le-champ.

« Il faut un bien puissant motif pour que j'ose écrire à Votre Altesse « comme je le fais, à l'insu de mon mari qui peut rentrer d'un moment à l'autre.

« Monseigneur, Mme la comtesse de Gramont, en vous confiant une « lettre pour moi, ne savait point quelle misérable existence je mène. J'ai un « mari jaloux, injuste à cause de cela, ombrageux et farouche. Prisonnière en « ma maison, entourée d'espions plutôt que de serviteurs, je ne puis même rece- « voir mes amies d'enfance. Vous nous avez sauvés d'un danger pire que la « mort il y a trois jours. Eh bien ! quand nous nous sommes séparés, mon « mari m'a accablée de reproches, d'odieux soupçons. Il était déjà jaloux de vous.

« Le ciel a été pour moi en permettant qu'il fût absent lorsque vous vous « êtes présenté. Le vieux Job vous a dépeint de son mieux, vous et votre ami, « mais il ne vous a point reconnus à ce portrait.

« Je considère cet événement, monseigneur, comme très heureux, et je « viens vous supplier de ne point revenir rue aux Ours.

« Je vous le demande au nom de mon repos.

« Cependant, j'ai un secret à vous confier. Où et comment le pourrai-je ? « Voilà ce que je ne puis vous dire encore, mais laissez-moi espérer que si je « parviens à vous indiquer un rendez-vous, soit de jour, soit de nuit, vous « y viendrez.

« Celle qui se dit,

« De Votre Altesse

« La très humble servante,

« SARAH. »

Henri lut cette lettre à haute voix et regarda ensuite son compagnon.

— Qu'en penses-tu ? lui demanda-t-il.

— Je pense, répondit Noë, que la lettre de Corisandre produit son premier effet.

— Bah ! fit Henri ; crois-tu ?

— Tenez, Henri, j'ai toujours eu mon franc parler avec vous...

— Tu peux continuer.

— Si vous voulez mon opinion, je vais vous la dire...

— Je l'attends.

— Samuel Loriot n'est pas jaloux. Et sa femme est une fine araignée qui commence à tramer une jolie toile dans laquelle vous serez pris.

— C'est impossible !

— Corisandre est l'amie de Sarah. Sarah est dévouée à Corisandre.

— Mais cependant..

— Ma foi ! dites tout ce que vous voudrez. Je suis comme Caton d'Utique : *censeo delendum esse Carthaginem ;* ce qui veut dire, traduit librement : *je pense que la belle Argentière se gausse du prince de Navarre.*

Henri allait se récrier sans doute ; mais il n'en eut pas le temps. On frappa de nouveau à la porte.

— Entrez ! dit Noë.

Cette fois, c'était le page Raoul. Il salua les deux jeunes gens et entra. Derrière lui marchait un valet qui portait un gros paquet très soigneusement enveloppé.

Le valet déposa le paquet sur un meuble et, sur un signe du page, il s'en alla.

Alors le page s'assit et dit :

— Habillez-vous promptement, messieurs ; M. de Pibrac vous attend.

Henri et Noë étaient de la même taille, et tous deux étaient de celle du page. Ce dernier ouvrit le paquet et étala sur l'un des lits deux habits de cour complets qu'il avait pris dans sa propre garde-robe. Henri et Noë s'habillèrent en un clin d'œil, et Raoul vit bien, à la façon leste et dégagée dont ils s'en acquittaient, qu'ils avaient coutume de porter des pourpoints de soie et de velours et des collerettes de fine guipure.

Quand ils furent prêts, Raoul leur dit :

— Venez, messeigneurs, j'ai une litière à la porte.

Ils descendirent, prirent place dans la litière, et le page cria aux porteurs :

— Au Louvre !

La litière descendit la rue Saint-Jacques, traversa la Cité et le pont Saint-Michel et, un quart d'heure après, elle s'arrêta à la porte du palais des rois de France.

Alors, en mettant pied à terre pour suivre le page, Henri se pencha à l'oreille d'Amaury de Noë :

— Le roi de France, dit-il, ne se doute guère qu'il va jouer à l'*hombre* avec son cousin de Navarre.

— Et René le Florentin se doute moins encore, murmura Noë, qu'il va refaire connaissance avec nous, et que j'ai assisté ce soir à sa toilette de gala.

— Venez, messieurs, répéta Raoul en écartant le soldat suisse qui faisait sentinelle au Louvre.

XII

En quittant le prince de Navarre et Noë, qui s'en retournaient rue Saint-Jacques, où le page Raoul leur devait porter des habits de gala, M. de Pibrac, qui les avait accompagnés jusqu'à la poterne du Louvre, remonta et s'en alla chez le roi.

Le roi Charles IX était seul, assis en son grand fauteuil à dais fleurdelisé, les jambes croisées, les coudes appuyés sur une table, le menton soutenu dans ses deux mains et l'œil fixé sur un traité manuscrit de la *volerie*.

La salle où se trouvait le monarque se nommait le *Cabinet du roi*. C'était une assez vaste pièce dont la disposition, l'ameublement et les objets divers qu'elle renfermait, disaient à merveille les goûts, les habitudes et le caractère du souverain qui l'habitait presque continuellement, et n'en sortait que pour aller à la chasse ou se promener en litière. De longues et hautes étagères en bois noirci supportaient des livres et des manuscrits. Charles IX était poète ; il aimait les écrivains, il se vantait de l'amitié de Ronsard. Au fond de la salle on voyait une forge en miniature et des outils de serrurerie. Le roi était forgeron à ses heures, et nul mieux que lui ne trempait une dague ou ne ciselait un heaume et une cuirasse.

Aux murs pendaient, çà et là, des arquebuses, un pieu, un cor de chasse ou des armes de toute sorte que supportaient des bois de cerf et d'élan. Charles IX était veneur passionné. Deux grands lévriers qui ne le quittaient jamais, Nisus et Actéon, dormaient sur une peau de loup, sur laquelle le roi lui-même avait ses pieds. Le roi lisait un très curieux traité de *volerie* que le roi de Pologne, son frère, avait fait traduire du slave et lui venait d'envoyer, il y avait trois jours, par l'occasion d'un gentilhomme de sa maison qui s'en retournait de Varsovie en Touraine, d'où il était.

Une lampe surmontée d'un abat-jour en cuivre poli, placée devant lui, projetait sa clarté sur le manuscrit, dont la lecture paraissait l'intéresser fort.

M. de Pibrac entra sur la pointe du pied ; mais si léger qu'il fût, le bruit de ses pas fit retourner la tête à Charles IX.

— Ah ! c'est vous, Pibrac ? dit-il.

— C'est moi, Sire, répondit Pibrac en s'inclinant.

— Il faudra que vous lisiez cela, Pibrac mon ami, continua le roi. Ce manuscrit renferme de fort belles appréciations sur la façon d'éduquer les faucons, gerfauts, tiercelets et autres oiseaux de volerie, dans le nord de l'Europe et notamment en Hongrie et sur les frontières de la Moscovie.

— Je le lirai, Sire, aussitôt que Votre Majesté me fera l'honneur de me le prêter. Mais je vois qu'elle trouve un grand plaisir à cette lecture, et je me retire...

— Restez donc, Pibrac, au contraire, fit le roi.

Il corna le manuscrit à la page où il s'arrêtait, se redressa et se renversa en arrière dans son fauteuil :

— Avez-vous quelque chose de nouveau à me conter ? demanda-t-il.

Charles IX était un des princes les plus ennuyés de sa race, et il passait son temps à chercher inutilement des distractions. Jamais un courtisan, jamais un de ses gentilshommes, un de ses pages ne l'abordait, que le monarque ne lui adressât cette question : « Avez-vous aujourd'hui quelque chose de nouveau à me conter ? »

En adressant ces paroles à M. de Pibrac, le roi le regarda.

— Peut-être, Sire, répondit le Gascon.

Le visage du roi se dérida soudain, et son œil morne eut un éclair de joie.

— Ah! ah! dit-il, se frottant les mains.

Et il indiqua un escabeau à son capitaine des gardes :

— Seyez-vous là, Pibrac mon ami, et me contez ça...

Pibrac s'assit et laissa glisser sur ses lèvres un sourire préparatoire qui allécha sensiblement la curiosité du monarque.

— Votre Majesté, dit le Gascon à mi-voix, aime-t-elle beaucoup René?

— Ce gueux de Florentin, le parfumeur de ma mère?

— Oui, Sire.

— Non, de par Dieu! fit le roi. C'est un lieffé coquin que j'eusse fait pendre depuis longtemps, si la protection de Mme Catherine ne le couvrait. Mais la reine mère tient à lui plus qu'à moi, qui suis le roi, et si je le faisais occire, elle mettrait le feu au Louvre.

M. de Pibrac garda un silence diplomatique à l'endroit de la reine mère, car il savait combien le roi la craignait et subissait sa terrible influence.

— Est-ce de lui que vous me voulez parler, Pibr· ?

— Oui, Sire.

— Pardieu! fit le roi qui devint en belle humeur, si vous m'appreniez qu'il est mort, vous me feriez grand plaisir, mon ami. Je n'y serais pour rien et m'en laverais les mains.

— Il n'est pas mort, Sire.

— Tant pis !

— Mais il a éprouvé une mésaventure.

— Bah! que lui est-il arrivé?

— Il a été roué de coups.

— La nuit, sans doute, dans une ruelle, par des truands?

— Non, Sire, en province, et par des gentilshommes.

— Voilà qui est mieux, dit le roi.

— Dans une hôtellerie où se trouvait couchée une femme que le drôle voulait enlever.

— Ah! je comprends, c'est le mari?...

— Nullement, Sire. Le mari est un gros bourgeois que René voulait faire occire.

— Qu'est-ce donc alors ?

— Deux gentilshommes de mon pays, Sire, qui ont protégé la belle bourgeoise, ont roué mon René de coups et l'ont enfermé dans une cave. Comment en est-il sorti? je ne sais ; mais il est arrivé ce soir de bien méchante humeur.

Le roi se prit à rire bruyamment :

— Certes, dit-il, ces gentilshommes sont hardis, en vérité.

— Ils sont Gascons, Sire.

— Eh! continua Charles IX, qui semblait aller au-devant des secrets désirs de M. de Pibrac, je les voudrais bien voir.

— Ma foi ! Sire, je venais demander à Votre Majesté la permission de les lui présenter. L'un se nomme M. de Noë, et l'autre le sire de Coarasse. Cet dernier est un joli garçon qui pourrait bien être un péché mignon de feu le roi Antoine de Bourbon.

— Bah ! fit le roi.

— C'est un secret que je confie à Votre Majesté, Sire.

— Je le garderai, Pibrac.

— Le sire de Coarasse, poursuivit le capitaine aux gardes, est un beau joueur, Sire.

— Ah !

— Il joue merveilleusement à *l'hombre*, et si Votre Majesté le voulait admettre à son jeu, ce soir...

— Parbleu ! oui ! dit le roi. Tous mes gentilshommes sont des mazettes à ce jeu. Il n'y a que vous et moi qui sachions le jouer. Le prince de Condé lui-même n'y entend goutte.

Et comme Pibrac gardait un respectueux silence sur le prince, Charles IX ajouta :

— Amenez-moi donc vos Gascons, ce soir. Je m'ennuie prodigieusement, rien qu'à songer que j'héberge et festoie l'ambassadeur d'Espagne. Le bal, les bougies, la musique, tout cela me fatigue, Pibrac, mon ami.

— Eh bien ! Sire, je vous promets une belle partie d'hombre. Et puis ensuite, Sire, ajouta le Gascon avec un sourire moqueur, Votre Majesté peut faire passer un bien mauvais quart d'heure à René.

— Comment cela ?

— En jouant avec deux gentilshommes qu'il doit avoir en grande haine.

— Hé ! hé ! murmura Charles en se frottant les mains, j'ai bien le droit après tout de protéger des gens qui font ma partie... Ma mère protège bien ce maudit parfumeur !

M. de Pibrac réfléchissait.

— A quoi songez vous, donc, Pibrac ? fit le roi tout à fait de bonne humeur, depuis qu'il savait que René avait été rossé.

— Je voudrais combiner la soirée d'aujourd'hui comme un *mystère*. Sire Gauthier Marguille, qui est mon ami, ne ferait pas mieux.

— Voyons ! dit le roi.

— Votre Majesté a coutume de se montrer tard aux dames de la cour.

— Très tard, Pibrac.

— Et souvent même, je m'en souviens, c'est ici qu'on dresse la table de jeu de Votre Majesté.

— On la dressera ici ce soir.

— Alors, vers minuit, on ouvre les portes du fond, et les courtisans et les dames peuvent voir Votre Majesté en train de jouer.

— Voulez-vous que ce soit ainsi ce soir ?

— Oui, Sire, j'ai mon idée.

— Cela sera, Pibrac, mon ami.

Le roi frappa sur un timbre ; un chambellan parut.

— Mon souper, demanda le roi.

Et il dit à M. de Pibrac :

— Voulez-vous souper avec moi ?

— Votre Majesté me comble, Sire.

DÉPÔT LÉGAL
Seine
1895

...Un simple suisse était à la porte de Sa Majesté. (P. 92.)

— Ah! c'est que, Pibrac, mon ami, je m'ennuie quand je soupe
seul.

— Votre Majesté pourrait souper, si elle le voulait, avec la reine?

— Ma femme est triste.

— Avec Mme Catherine...

— Ma mère me fatigue avec sa politique. Elle me casse la tête à coups de huguenots et de catholiques. Elle s'occupe de religion plus que le pape, et de politique plus que moi, qui suis le roi.

— Avec la princesse Marguerite et M. le duc d'Alençon...

— Passe encore pour Margot, fit le roi. Elle a quelque esprit à ses heures, surtout quand mon cousin de Guise est ici... mais il est à Nancy en ce moment, et Margot est devenue insupportable.

— Mais... le duc d'Alençon?

— Ah! pour lui, non, par exemple! murmura le roi avec humeur. Vous ne savez donc pas, Pibrac mon ami, que depuis que mon frère d'Anjou est devenu roi de Pologne, d'Alençon s'est mis en tête qu'il était mon successeur..

— Heureusement que Votre Majesté se porte bien...

— Peuh! on ne sait ni qui vit ni qui meurt, Pibrac, et mon frère d'Alençon espère toujours me voir tomber mala 'e. Chaque fois qu'il me salue, il me semble lire dans son regard ces mots : « Le i se porte trop bien... » Si je l'invitais à souper, il serait homme à me souhaite   e indigestion. Soupez donc avec moi, Pibrac, tous ces gens-là m'ennuient...

— Votre Majesté m'accorde-t-elle dé minutes?

— Allez, dit le roi.

M. de Pibrac courut trouver Raoul le page et lui donna des ordres concernant le prince de Navarre et Noë.

Puis il revint auprès du roi devant lequel on venait de placer une petite table à deux couverts, chargée d'une soupe au lard et aux choux, — mets favori du prince, — d'un perdreau froid, d'une hure de sanglier et d'un plat d'épinards aux œufs durs. Un vieux vin de Guyenne étincelait dans un grand flacon de cristal.

M. de Pibrac était un Gascon du bon cru, c'est-à-dire qu'il avait cet esprit fin, pénétrant, railleur sans méchanceté, gai sans bouffonnerie, qui charme les froides imaginations du Nord et a fait la fortune de tous ces hommes remarquables que le soleil du Midi a vus naître. Il avait vu, chose rare! Charles IX de bonne humeur; il résolut de le maintenir en ces bonnes dispositions et il se mit lui-même en frais de verve, d'historiettes, d'anecdotes, de mots étincelants

M. de Pibrac contait à ravir : il savait une foule d'histoires de chasse, de pêche, de guerre et de ruelles.

Malgré ses quarante-cinq ans, il était galant comme un jeune coq et se trouvait au courant de tous les petits scandales de la cour et de la ville. Il avait reçu les confidences de M⁰ᵉ Marguerite.

Bref, il développa si bien tout son répertoire, que plus d'une fois le roi rit aux larmes, qu'il mangea et but comme un simple lansquenet et finit par dire au gentilhomme gascon :

— Ah! foi de roi, Pibrac, mon ami, vous êtes un charmant convive.

— Votre Majesté est trop bonne...

— Et vous n'engendrez certes point mélancolie.

Pibrac s'inclina. Le roi regarda le sablier.

— Tiens! dit-il, déjà dix heures! J'entends un grand vacarme dans le Louvre

— C'est M. l'ambassadeur d'Espagne qui arrive, Sire.

— Ma sœur Margot doit être couverte de dentelles, et toutes les dames de sa cour sont déjà venues en litière, je gage.

— Il me semble, Sire, dit Pibrac, que j'entends la musique.

— Moi aussi, dit le roi, c'est le bal qui commence. Parole de roi ! mon pauvre Pibrac, ma mère agit au Louvre comme si je n'y étais pas. Sans vous, je souperais seul... Eh bien! écoutez, nous allons faire bande à part, envoyez quérir vos deux gentilshommes.

— Je les attends, Sire.

— Et nous allons faire une *hombre* entre nous, à quatre, sans nous mêler de ce que font et disent tous ces gens-là...

— Mais, Sire, dit Pibrac, Votre Majesté ne peut se dispenser de paraître au bal?

— J'y paraîtrai. On ouvrira les portes. Je ne me dérangerai pas, le bal viendra à moi. N'est-ce pas convenu?

— En effet, Sire.

— Et si M. l'ambassadeur d'Espagne me veut saluer, il s'approchera de mon jeu.

M. de Pibrac se leva.

— Envoyez-moi mes pages, lui dit Charles IX, je vais me faire habiller. Et puis revenez et m'amenez vos deux Gascons.

— Je vole et reviens, Sire.

Et M. de Pibrac, qui avait donné des instructions détaillées à Raoul, regagna son appartement et attendit.

Il était près de onze heures lorsque le page et les deux jeunes gens arrivèrent au Louvre.

Déjà la cour du royal édifice était encombrée de litières, de pages, de varlets, de chevaux richement caparaçonnés. On y voyait même quelques carrosses, moyen de transport tout nouveau inventé par la reine Catherine.

Les invités du roi arrivaient en foule. Les escaliers étaient couverts d'un flot de satin, de velours et de guipures.

On attendait M. l'ambassadeur d'Espagne, qui avait été logé au Châtelet et ne pouvait tarder d'apparaître avec sa suite.

Raoul fit passer les deux jeunes gens au travers de cette foule ; puis, au lieu de les conduire par le grand escalier, il leur fit prendre l'escalier tournant qui menait aux petits appartements et par lequel M. de Pibrac les avait conduits à la porte du Louvre, deux heures auparavant.

Henri et Noë entrèrent ainsi chez le capitaine gascon.

— Raoul, mon mignon, dit M. de Pibrac qui se leva et vint à eux, tu devrais bien me rendre un service.

— Lequel, monsieur?

— Tu te faufileras dans le bal tout à l'heure, et tu verras si René le Florentin s'y trouve.

— Bon !

— S'il y est, tu viendras me le dire.

— Je n'y manquerai pas

— Tu me trouveras chez le roi.

— Très bien !

Raoul s'en alla. Alors M. de Pibrac regarda le prince :

— En vérité! monseigneur, dit-il, ce justaucorps bleu de ciel vous va à ravir. Si Mme Marguerite était appelée à en juger, et qu'elle sût votre vrai nom, elle reviendrait bien certainement sur l'opinion qu'elle s'est faite de cet ours mal léché qu'elle appelle le prince de Navarre.

Henri eut un fin sourire.

— Est-ce que je ne pourrai pas danser avec elle, cette nuit?

— Monseigneur, je crois que Votre Altesse pourra faire tout ce qui lui plaira, car elle sera en grande faveur auprès du roi.

— Vraiment?

— Sa Majesté a ri aux larmes en apprenant l'histoire de René.

— Comment! fit Noë, vous avez osé lui conter...

— Tout, monseigneur.

— Et le roi n'a pas froncé le sourcil?

— Il a été ravi : il a René en exécration.

— C'est à merveille, dit Henri de Navarre, mais j'ai trouvé, je crois, moi aussi, un moyen pour l'apaiser.

— Qui, le roi?

— Non, René. J'ai une idée que je vous développerai, monsieur de Pibrac.

— Venez, monseigneur, le roi vous attend.

— Déjà?

— Avec impatience. Je vous ai donné comme de première force a *l'hombre*.

— Vous avez dit vrai, fit Noë.

M. de Pibrac ouvrit une petite porte qui donnait sur un couloir.

Ce couloir conduisait au cabinet du roi. Un simple suisse était à la porte de Sa Majesté.

Le suisse frappa deux coups avec la crosse de sa hallebarde. Au bruit, un chambellan arriva :

— Annoncez M. de Pibrac et ses deux cousins, dit le Gascon.

Le chambellan ouvrit un battant de la porte et jeta le nom de M. de Pibrac.

Le roi s'était remis à feuilleter le manuscrit traduit du slave.

Mais il le repoussa vivement et tourna la tête avec un très vif sentiment de curiosité.

M. de Pibrac entra, donnant la main à Henri; Noë les suivait.

— Asseyez-vous, messieurs, dit Charles IX, ici je ne suis pas roi. Pibrac et moi nous sommes de vieux amis, et les amis de Pibrac sont les miens.

Il regarda de nouveau Henri.

— Comment vous nommez-vous, monsieur? lui demanda-t-il.

— Henri de Coarasse, Sire.

Le roi cligna légèrement de l'œil et regarda M. de Pibrac d'un air qui signifiait :

— Hé! mais, vous avez raison, il ressemble au feu roi de Navarre... et pourrait bien être son fils.

Puis il dit tout haut :

— Est-ce que vous venez chercher fortune à Paris, monsieur ?

— Sire, répondit le prince, Votre Majesté sait que nos montagnes produisent beaucoup de cailloux et peu d'écus. Quand on est cadet de Gascogne, il faut voir du pays.

— Les écus sont rares partout, monsieur, fit le roi. Mme Catherine, ma digne mère, prétend que je suis le plus pauvre gentilhomme de France.

— Si Votre Majesté voulait partager sa pauvreté avec moi ? murmura Henri avec un fin sourire.

— Ces Gascons sont pleins d'esprit, dit le roi.

— Et légers d'argent, ajouta Pibrac.

— Cependant, continua Charles IX, vous avez bien une vingtaine de pistoles dans votre escarcelle, j'imagine, Pibrac, mon ami. Je vous préviens que je joue gros jeu ce soir.

— Si besoin est, j'engagerai à Votre Majesté une moitié de ma solde, Sire.

— Holà ! dit le roi appelant un de ses pages, Gauthier, mon ami, dresse-nous une table et apporte les cartes.

Le page obéit. Le roi s'assit, tira sa bourse et la posa sur la table. Puis il battit les cartes.

— Monsieur de Coarasse, je vous prends pour mon associé.

— Votre Majesté, répondit Henri, me comble d'honneur.

— Et il s'assit à la droite du roi.

M. de Pibrac se plaça en face de Charles IX et invita Noë à se placer à sa gauche. Puis, se penchant à son oreille :

— Ayons soin de nous laisser battre, lui dit-il. Si le roi gagne, il sera de bonne humeur toute la nuit, et René le Florentin s'en ressentira.

— Coupez, Pibrac, dit le roi, tout entier déjà au plaisir de jouer à son jeu favori.

En ce moment, dans les grands appartements du Louvre, le bal commençait, et le roi, auquel le bruit en arrivait, dit en donnant les cartes :

— Pendant que tous ces gens-là dansent, le roi de France va tâcher de s'amuser comme un lansquenet qui joue aux dés ou aux osselets sur une table de cabaret. J'étais né pour être lansquenet, messieurs.

— Sire, répliqua M. de Pibrac, Votre Majesté trouvera quand elle le voudra à troquer sa condition.

— Mais il paraît que Dieu ne le veut pas, fit Charles IX en retournant un roi ! et il posa un doigt sur la retourne.

XIII

Un peu avant que le roi commençât à jouer et tandis que déjà on dansait la première valse, danse nouvelle récemment importée d'Allemagne à la cour de France, Mme Marguerite de Valois procédait à sa toilette de bal

Une seule camérière l'ajustait. Cette camérière était une charmante enfant de dix-huit ans, blonde comme une madone, jolie à croquer et spirituelle comme un démon. Elle se nommait Nancy.

Nancy jasait et babillait à tort et à travers, tandis qu'elle coiffait sa maîtresse ; elle devisait des courtisans et des gentilshommes, des pages et des dames de la cour, paraissait fort au courant des intrigues du Louvre et mettait tout en œuvre pour distraire la princesse.

Mais la princesse avait un voile de mélancolie profonde sur son frais et beau visage.

Ses grands yeux d'un bleu sombre étaient abattus, ses lèvres rouges plissées dédaigneusement, et dans toute sa personne régnait un aspect de morne tristesse.

Pourtant Mme Marguerite était en apparence la plus heureuse des princesses : le roi son frère la traitait en enfant gâtée ; les courtisans l'adoraient ; la bonne ville de Paris l'admirait quand elle passait à cheval dans les rues. Et puis Mme Marguerite ne devait pas, il le semblait du moins, être attaquée de ce terrible mal d'ennui qui minait lentement ceux de sa race. Elle était artiste, elle peignait, elle faisait de la sculpture, elle cultivait les belles-lettres et avait souvent des conférences poétiques avec messire Pierre de Ronsard et l'abbé de Bourdeille, sire de Brantôme, lequel la consultait fréquemment tandis qu'il écrivait sa *Vie des dames galantes.*

Mme Marguerite se trouvait dans le plus charmant réduit qu'eût jamais eu une princesse de France, petite-fille des Médicis.

Les étoffes d'Orient, les richesses sans prix des musées italiens, l'art sévère de la Renaissance, l'école espagnole avec ses tableaux sombres, l'école florentine avec sa peinture aux couleurs éclatantes, tout y était représenté par de merveilleux échantillons.

Au milieu de la salle une statue ébauchée, et, près de la statue, un maillet et un ciseau.

Dans un coin, une table supportant une magnifique édition d'Homère dans le texte grec, des plumes et du parchemin ; un peu plus loin des fleurets et un masque jetés à terre ; un peu plus loin encore, un chevalet avec un paysage commencé.

Tout cela disait éloquemment que la fée de ce logis était à la fois peintre sculpteur, poète, savante dans les langues anciennes, habile à manier l'épée comme son premier maître d'escrime, le duc d'Henri d'Anjou, roi de Pologne.

Puis, si l'on avisait une grande glace de Venise ajustée par morceaux et que, dans l'un des compartiments, on aperçût une tête adorable, brune et blanche, avec un large front où la pensée s'ébattait à l'aise, un grand œil d'un bleu sombre où brillait le génie, des lèvres d'un rouge ardent où la passion semblait vivre, on s'avouait que la fée de ce logis était la plus ravissante, la plus merveilleuse des créatures, et qu'il était bien impertinent celui qui osait creuser un pli dans ce front d'artiste, jeter un voile de mélancolie sur ce regard qui fascinait, poser un sourire amer sur cette bouche d'où la poésie et l'amour devaient découler à flots.

Qu'avait donc Mme Marguerite ? Quel caprice inassouvi, quel ennui pouvait donc ainsi assombrir son visage? N'était-elle point la belle des belles, l'idole qu'un cavalier, fût-ce l'impie don Juan, eût choisie entre les idoles? Nancy s'escrimait inutilement et babillait comme un page revenant de bonne fortune, sans pouvoir amener un sourire sur les lèvres de Marguerite.

Enfin, à bout d'expédients, d'anecdotes et de jolis cancans, la mutine camériste prononça hardiment un nom qui eut le pouvoir de faire tressaillir Mᵐᵉ Marguerite des pieds à la tête.

— Si Mᵍʳ de Guise était ici, dit-elle, il trouverait Son Altesse plus belle que jamais...

— Tais-toi, Nancy, murmura Marguerite tout bas, tais-toi!

— Bah! fit Nancy, est-il donc défendu de parler du duc?

Marguerite jeta autour d'elle un regard plein d'effroi.

— Tais-toi! répéta-t-elle, ne prononce pas ce nom : les murs ont des oreilles au Louvre.

— La reine mère est au bal...

— Déjà?

— Sans doute. N'est-elle point obligée de recevoir l'ambassadeur?

— C'est juste.

— Et si la reine est au bal, on peut bien parler du duc.

Un profond soupir souleva le sein de la jeune princesse.

— Le duc est parti... dit-elle.

—. Il est à Nancy, une ville qui porte mon nom fit, la soubrette en riant.

— Nancy est bien loin, soupira Marguerite.

— On en revient en trois jours.

—- Hélas! le duc ne reviendra pas.

— Ah! par exemple!

— Ne sais-tu donc pas, murmura la princesse, que la vie du duc n'était plus en sûreté au Louvre?...

— Bah! fit Nancy d'un air incrédule.

— Un soir, reprit la princesse, le duc sortait d'ici et s'en allait par le corridor secret et le petit escalier...

— Eh bien? fit Nancy.

— Quand il eut franchi la poterne et se trouva sur la berge de la rivière, un homme masqué l'aborda.

— Et... que lui dit cet homme, madame?

— Ceci : « Monseigneur, vous aimez la princesse Marguerite et elle vous aime. »

« Et comme il tressaillit, l'homme ajouta :

« — Je suis un ami et je viens vous donner un bon conseil.

« — Parlez, dit le duc.

« — Si vous tenez à vivre vieux, monseigneur, montez à cheval demain plutôt qu'après, ce soir plutôt que demain.

« — Et où faut-il que j'aille.

« — A Nancy.

« — Pourquoi faire?

« — Pour y attendre que la princesse Marguerite ait épousé le prince de Navarre.

« — Comment ! fit le duc, mon cousin Henri de Navarre serait homme à me faire assassiner ?

« — Pas lui, monseigneur.

« — Qui donc, alors ?

« — Il y a des noms qui portent malheur quand on les prononce, répondit l'homme masqué.

« Et il disparut dans les ténèbres. »

— Et c'est pour cela que le duc est parti ?

— Oui, répondit Marguerite. Le lendemain soir je le revis et il me conta sa singulière rencontre :

« — Je ne partirai pas, me dit-il, je vous aime et ne crains rien. »

« Mais j'ai insisté, j'ai prié, j'ai pleuré, et il est parti... »

Une larme perla au bout des cils de la princesse.

Puis après un pénible silence :

— Et il faut que j'aille au bal, cependant, murmura-t-elle... il faut que j'aie l'air souriant, que je danse et paraisse heureuse, quand j'ai la mort dans le cœur.

— Oh ! l'affreux prince de Navarre ! fit Nancy en frappant le parquet de son petit pied.

— Je le hais avant de le connaître, dit Marguerite

— Mais, reprit Nancy, le duc de Guise n'est-il pas un prince plus riche et plus puissant que ce roitelet de Navarre ?

— Certes, oui, mon enfant.

— Eh bien ! pourquoi donc Mme Catherine ne vous fait-elle pas épouser le duc de Guise ?

— Pauvre Nancy, murmura Marguerite, tu ne comprends rien à la politique !

— C'est possible.

— On veut que j'épouse le prince de Navarre, précisément parce que j'aime le duc de Guise.

— Je ne comprends toujours pas.

— Le duc de Guise est plus loin du trône de France d'un degré de parenté que le prince de Navarre, continua Marguerite, mais il en est plus près par sa valeur, sa situation politique, son influence et sa popularité. Ne sais-tu donc pas que le roi frissonne à la pensée que les Valois peuvent s'éteindre et que le duc leur succédera, si on lui fait faire un pas de plus vers le trône ?

— Soit, dit Nancy. Mais, à tout prendre, ne vaut-il pas mieux avoir pour successeur le duc de Guise, catholique et populaire en France, que le roi de Navarre huguenot.

— Non, car mon frère a peur de Henri de Guise et ne craint pas le roi de Navarre. Si le premier m'épousait, Charles s'imaginerait qu'il mourra empoisonné ou assassiné.

— Mais, Mme Catherine ?...

...Le roi jouait avec son capitaine des gardes et deux gentilshommes... (P. 99.)

— Ah! dit Marguerite, ma mère pense comme le roi. Ou plutôt, c'est le roi qui pense comme elle.

Marguerite en était là de ses explications lorsqu'on gratta à la porte. Nancy courut ouvrir. Un homme entra : c'était René, non plus René poudreux, crotté, en habits de voyage, mais René vêtu comme un grand seigneur, portant haut la tête, avec l'insolence d'un favori.

— Madame, dit-il, S. M. la reine mère fait prier Votre Altesse de se rendre au bal, où sa présence est attendue avec une vive impatience.

— Ah!... dit Marguerite avec indifférence.

— Votre Altesse n'a point oublié qu'elle devait danser avec M. l'ambassadeur d'Espagne.

— C'est juste.

— Il est plus de onze heures, madame.

— Hâte-toi, Nancy, dit la princesse.

— Voilà qui est fait, répondit Nancy en piquant une dernière épingle d'or dans la luxuriante chevelure de Marguerite de Valois.

— Eh bien, René, dit la princesse tandis que Nancy lui mettait ses gants, votre colère est-elle calmée?

— Un peu, madame.

— Et ces deux gentilshommes?

— Oh! je les trouverai, madame.

— Et que leur ferez-vous?

— La reine m'a promis qu'ils seraient pendus, madame.

— Ma mère est femme à tenir parole, René.

— Je suis son fidèle serviteur, madame, et j'étais précisément en voyage pour son service quand cette mésaventure m'est advenue.

— Tiens, au fait, d'où veniez-vous?

— De Tours. La reine m'y avait envoyé.

— Dans quel but?

— C'est le secret de Sa Majesté, madame.

— Bon, fit Marguerite je ne tiens pas à le savoir. — Mon mouchoir, Nancy. — Vous êtes vêtu comme un prince, René.

— Votre Altesse me flatte.

— Vous avez l'air d'un vrai gentilhomme, bien que la noblesse que mes oncles les Médicis octroient soit de mauvais aloi.

— Votre Altesse est cruelle.

— Et puisque vous avez si bon air, acheva Marguerite avec un sourire railleur, je vais vous faire un honneur, maître René. Je vais prendre votre poing pour entrer au bal.

René s'inclina profondément. Nancy apporta un mouchoir brodé et armorié. La princesse le prit, jeta les yeux sur les armes et tressaillit.

— Madame, dit tout bas René, je crois que Votre Altesse ferait bien de ne pas prendre ce mouchoir. Il est aux armes de la maison de Lorraine, que la reine mère ne peut plus souffrir depuis que M. le duc de Guise est parti sans lui aller faire sa révérence. La reine est ombrageuse...

Mais Marguerite toisa René des pieds à la tête.

— M. le duc de Guise m'a donné ce mouchoir et j'y tiens beaucoup, dit-elle sèchement.

René se tut.

Marguerite posa sa main ouverte sur le poignet de René, et le Florentin fit son entrée dans les salles d'apparat du Louvre, conduisant une fille de France.

Le favori de la reine mère se croyait tout permis.

L'ambassadeur d'Espagne, un homme d'un âge mûr, mais fort beau cavalier, et qui avait l'air d'un roi, vint s'incliner devant Marguerite, regarda assez dédaigneusement René et offrit sa main à la princesse.

René chercha la reine mère dans le bal et alla la rejoindre. La reine l'entraîna dans la vaste embrasure d'une croisée et s'entretint avec lui à voix basse. En ce moment, le page Raoul passa, lui jeta un coup d'œil furtif et disparut. Les courtisans attendaient avec une vive impatience que le roi parût. Mais le roi se faisait attendre. Plusieurs fois déjà la reine mère avait dit :

— Pourquoi le roi ne vient-il point ?

Un gentilhomme bien informé avait répondu à la reine :

— Le roi a soupé avec M. de Pibrac et il joue à l'*hombre* avec lui.

— On ne joue pas à l'*hombre* à deux, dit la reine ; quels sont les deux autres partenaires ?

— Deux gentilshommes que M. de Pibrac a amenés.

— Leur nom ?

— Je l'ignore.

— Le Gascon, avait murmuré la reine avec humeur, jouit de bien grandes privautés auprès du roi. Heureusement il n'est pas dangereux ; il ne se mêle pas des choses de la politique.

Elle avait continué à causer avec son parfumeur.

Tout à coup on entendit retentir trois coups de hallebarde sur le parquet. C'était le signal d'usage pour annoncer la présence du roi. Tous les regards se tournèrent vers la porte qui se trouvait au fond de la grande salle où deux mille personnes tenaient à l'aise. Cette porte s'ouvrit à deux battants et les choses eurent lieu comme l'avait souhaité M. de Pibrac. Le cabinet du roi apparut. Au milieu se trouvait une table. Autour de cette table, le roi jouait avec son capitaine des gardes et deux jeunes gentilshommes fort galamment vêtus, ayant fort belle mine, mais que personne à la cour ne connaissait.

— Va donc voir, René, dit la reine, quels sont ces gentilshommes.

René s'approcha de la table de jeu, regarda le partenaire du roi et recula stupéfait. Il avait reconnu Henri.

En ce moment le roi disait :

— Nous avons gagné. Messire de Coarasse, vous jouez à ravir et je vous retiens pour faire une partie tous les soirs.

Henri leva la tête et vit la figure pâle et menaçante de René ; il le salua d'un sourire.

En même temps le roi aperçut René.

— Tiens, dit-il d'un ton railleur, tu connais ces gentilshommes, René ?

René salua et balbutia quelques mots que le roi n'entendit pas. Mais le parfumeur avait compris, au sourire de Charles IX, qu'il savait son histoire et s'en réjouissait.

M. de Pibrac comptait ses jetons et paraissait ne s'être aperçu de rien. Il avait même un air si béat et si naïf que le parfumeur se dit :

— Cet imbécile ne sait rien.

Puis le vindicatif Italien ajouta *in petto* :

— Ah! mes gentilshommes, vous vous êtes réfugiés sous la protection du roi et vous croyez m'échapper?... Non, non, j'attendrai... je serai patient... mais je vous perdrai!...

— Mais certainement, Sire, je connais messire René, dit Henri de Navarre, qui continua à sourire gracieusement.

— Ah! fit le roi.

— Nous nous sommes rencontrés en province, ajouta Henri, et je suis même chargé d'un message pour lui.

Le roi se leva, fit trois pas en avant et reçut la révérence de l'ambassadeur espagnol qui venait de faire valser Marguerite.

— Bonjour, Margot, dit le roi, comment vas-tu?

— Je remercie Votre Majesté, je vais bien...

— Aimes-tu toujours toujours la danse, Margot?

— Oui, Sire.

— Et bien! messire Henri de Coarasse, un gentilhomme gascon que j'aime fort et que je te présente, va te faire danser... Approchez, monsieur de Coarasse.

Henri s'avança et salua Marguerite. Marguerite le regarda et éprouva sur-le-champ une sensation bizarre, inexplicable, tant il est vrai que l'esprit humain a quelquefois d'étranges révélations. Marguerite eut sur-le-champ comme un pressentiment que cet inconnu jouerait un rôle quelconque dans la suite de son existence.

— Monsieur, lui dit-elle, je vais danser avec M. de Pardaillan, puis, après, je vous agrée pour cavalier, Vous viendrez m'offrir votre main.

René s'était éloigné et avait rejoint la reine.

— Eh bien! lui demanda Catherine de Médicis, quels sont-ils, ces gentilshommes?

— Deux petits Gascons, cousins de Pibrac, dit-on.

— Il pleut des Gascons, fit la reine avec dédain. Sais-tu leurs noms?

— Oui, madame. Le premier, celui qui a un pourpoint bleu et qui était à la droite du roi, se nomme Coarasse.

— Coarasse? un singulier nom... Et l'autre?

— L'autre se nomme Noë.

— Ah! je connais ce nom-là, dit la reine; c'est une bonne noblesse de Béarn. Va donc causer avec eux : tu sauras ce qu'ils viennent faire à Paris.

René s'approcha et trouva Henri qui s'était adossé à un pilier et regardait Marguerite qui dansait avec le vieux baron de Pardaillan, lequel avait une jeune femme dont il était fort jaloux et avec qui le roi s'était pris à causer en ce moment.

Henri, voyant que René venait à lui, fit les deux tiers du chemin et marcha à sa rencontre.

Le Florentin le salua avec un sourire hypocrite.

— Vous ne vous attendiez point, sans doute, à me voir ici, monsieur de Coarasse? lui dit-il.

— Je l'avoue, je vous croyais au fond d'une cave.

— J'ai pu en sortir.

— Ah! ma foi! fit le prince, je ne serais pas fâché de savoir comment.

— Eh bien! dit René, je vais vous le conter. Ce pauvre diable d'hôtelier qui m'avait garrotté bien malgré lui, et m'avait porté dans sa cave, a attendu que vous fussiez partis.

— Et il est venu vous délivrer?

— Précisément. Il s'est jeté à mes genoux et m'a demandé pardon de la conduite qu'il avait été contraint de tenir vis-à-vis de moi.

— Je gage que vous lui avez pardonné, dit le prince d'un ton railleur.

— Sans doute.

— Et moi, dit Henri toujours moqueur, me pardonnez-vous?

— Un homme aussi bien avec le roi n'a nul besoin du pardon d'un pauvre parfumeur comme moi, répondit le Florentin.

— Ah! dit le prince, j'avoue que l'amitié du roi est chose précieuse pour moi, mais...

Il s'arrêta et regarda finement René.

— Mais, continua-t-il, quand on a pour ennemi un homme tel que vous, monsieur René, le plus sûr est de chercher en soi-même un moyen de défense.

— Ah! ah!...

— Et ce moyen, je l'ai trouvé.

— En vérité!...

— C'est comme j'ai l'honneur de vous le dire.

— Ma foi!... mon cher monsieur de Coarasse, fit le parfumeur avec ironie, je serais curieux de le connaître.

— Vous y tenez?

— Énormément.

Henri prit le Florentin par le bras et lui dit :

— Allons là-bas, dans cette embrasure de croisée, nous y pourrons causer à l'aise.

— Soit! dit René. Et il le suivit.

Alors Henri regarda le Florentin attentivement et lui dit :

— Consultez-vous toujours les astres?

— Pourquoi cette question?

— Parce que, lorsque ce malheureux hasard que vous savez nous a mis en présence et nous a faits ennemis, je venais à Paris exprès pour causer avec vous de nécromancie. Je me suis beaucoup occupé de sciences occultes.

— Vous plaisantez? dit le Florentin.

— Nullement. Je suis prêt à vous donner une preuve de ce que j'avance. Vous n'êtes point l'unique sorcier du royaume, messire René. Je suis né au pied des monts pyrénéens et j'ai été élevé par un vieux berger espagnol qui m'a initié à cette science mystérieuse de l'avenir.

Henri parlait si sérieusement, avec un accent si convaincu, que malgré lui, le Florentin en fut impressionné.

— Tenez, poursuivit-il, donnez-moi votre main, je vais y lire comme dans un livre.

— Voilà, dit René en tendant sa main droite.

Henri la prit gravement, l'examina avec soin, réfléchit longtemps et finit par dire :

— Vous avez peur de mourir.

Le Florentin tressaillit.

— Soyez franc, monsieur René.

— Tout le monde, plus ou moins, a cette peur-là.

— Oui, mais elle vous dévore et vous ronge, vous...

— Après, monsieur?

— Une femme vous a prédit que vous mourriez par le fait d'une autre femme.

René recula d'un pas et regarda le jeune prince avec stupeur.

— Comment savez-vous cela? dit-il.

— Je l'ignorais il y a quelques minutes. Je viens de l'apprendre...

Et le prince poursuivit l'examen de la main du Florentin avec une gravité imperturbable. Puis il continua :

— La prédiction est bien près de se réaliser. La femme qui vous l'a faite était une bohémienne. Il y a trente ans de cela. C'était à Florence, dans la rue, non loin d'une église.

— Et... l'autre? demanda René, légèrement ému.

— Qui, l'autre?

— La femme qui doit me faire mourir.

— Elle vous doit le jour : c'est votre fille.

René pâlit. Jamais il n'avait confié à personne le secret de la prédiction. Sa fille seule le savait depuis une heure, et il ne put venir à la pensée du Florentin que sa fille et Henri se fussent vus.

Henri poursuivit :

— Votre mort est certaine par ce fait; mais on peut la reculer, et cette ligne transversale que voilà me dit que l'influence d'un homme peut combattre l'influence néfaste de cette femme.

— Et... cet homme?

Henri examinait toujours la main.

Tout à coup il fit un geste de surprise :

— Ah!... dit-il, ceci est bizarre... cet homme, c'est moi!...

Le Florentin le regarda avec une stupeur croissante et sentit quelques gouttes d'une sueur glacée monter à son front :

— Oui, c'est MOI, répéta le prince.

XIV

René était superstitieux comme beaucoup de ses compatriotes, à une époque surtout où l'étude des sciences occultes était fort répandue en France et en Italie. A force de consulter les astres pour les autres et sans trop croire à sa propre science, René avait fini par se persuader que cette science était certaine.

En voyant un homme qui lui révélait une des particularités les plus mystérieuses de sa vie, le Florentin fut sérieusement épouvanté, et il ne douta pas un moment que le prince de Navarre n'eût le pouvoir de soulever un des coins du voile mystérieux qui recouvre l'avenir.

— Eh bien! reprit ce dernier après un moment de silence, vous ai-je dit la vérité, monsieur René?

— Oui, touchant la prédiction, mais...

— Mais, quant à l'avenir, vous n'y croy pas?

— Je ne sais.

— Ma foi! dit le prince, écoutez, je vais vous donner un bon conseil.

— Faites.

— Je ne sais pas quel rôle je dois jouer dans votre vie; toutefois, il paraît que j'y serai mêlé, puisque les lignes de votre main me disent que mon influence pourra neutraliser longtemps l'influence néfaste qui vous menace; mais enfin, il est probable que cette influence, je ne pourrai l'exercer que de mon vivant.

Et le prince regarda René en souriant, puis il ajouta :

— Le premier regard que vous m'avez jeté tout à l'heure, quand j'étais assis auprès du roi, m'a prouvé une chose.

— Quoi donc? fit René.

— Que vous étiez mon ennemi mortel et que vous aviez juré ma mort.

René garda le silence.

— Voyons, soyez franc au moins une fois en votre vie.

— Soit! répondit le Florentin. Je vous hais. Je vous hais parce que vous m'avez humilié, et je me suis juré de me venger tôt ou tard.

— C'est votre droit, fit le prince avec insouciance; mais permettez-moi de vous faire une observation : comme je suis convaincu de la vérité de ma prédiction, je suis fort tranquille. Si vous parvenez à me faire occire, je mourrai certain d'être vengé promptement. Votre mort suivra la mienne.

Ce raisonnement était d'une logique rigoureuse et René le comprit.

En ce moment l'orchestre fit entendre le prélude d'une danse espagnole. et Henri tressaillit :

— Pardon! dit-il à René, nous reprendrons cet entretien tout à l'heure. Je danse avec la princesse Marguerite.

Et il salua le Florentin d'un air protecteur, fendit la foule et vint s'incliner devant Marguerite, qui causait alors avec M. de Pardaillan.

La princesse se leva et prit, sans mot dire, la main de Henri. Henri dansait à ravir et Marguerite pareillement. Tous deux ils exécutèrent un pas espagnol plein de caractère et ils s'en acquittèrent avec une grâce et une perfection telles que le cercle se fit autour d'eux et qu'ils dansèrent seuls. Tout en dansant, ils échangèrent quelques mots.

— Monsieur, dit la princesse, depuis quand êtes-vous à Paris?

— Depuis hier, madame.

— Comptez-vous y rester?

— J'y suis venu chercher fortune...

— Eh bien! dit Marguerite en riant, elle commence assez bien, votre fortune, il me semble.

— A ce point que je crois rêver, madame.

— Les rêves se réalisent.

— Il en est qui sont impossibles, murmura le prince.

Et il jeta sur la princesse un regard qui la fit tressaillir.

— Ce Gascon est bien hardi, pensa-t-elle.

Et comme la danse finissait, elle le regarda de nouveau et s'appuya sur son bras.

Henri était charmant. Ce fut sans doute l'opinion de Marguerite, car elle ne fronça point le sourcil et n'eut pas l'air d'avoir compris son vœu téméraire.

— Monsieur de Coarasse, lui dit-elle, j'aime beaucoup les gentilshommes de votre pays.

— Votre Altesse est trop bonne.

— Ils sont légers d'argent, mais ils ont beaucoup d'esprit.

— C'est un maigre écot, madame.

— Avec les hôteliers peut-être, mais avec les princes... fit Marguerite.

Puis elle ajouta :

— Ne trouvez-vous point qu'on étouffe ici? Venez dans le cabinet du roi ; il y a moins de monde, nous pourrons y causer.

Henri traversa les salons au milieu des regards d'envie des gentilshommes qui trouvaient que ce petit provincial avait un bonheur insolent en devenant, du même coup, le favori du roi et le cavalier de la princesse.

Marguerite conduisit Henri dans le cabinet du roi et le fit asseoir auprès d'elle, lui disant :

— Monsieur de Coarasse, pardonnez-le-moi, mais je suis curieuse comme une simple bourgeoise, et c'est dans un but de curiosité que je vous ai conduit ici.

— Je suis aux ordres de Votre Altesse.

— Vous êtes du Béarn?

— Oui, madame.

— De Pau ou de Nérac?

— De Pau.

— Je gage que vous m'allez donner de précieux renseignements.

Henri prit un air fort naïf et regarda Marguerite.

Noô prit la lettre aux mains du prince, et l'approcha du feu. (P. 111.)

Celle-ci continua :

— Vous savez qu'il est question pour moi d'un mariage avec le prince de Navarre?

A l'air d'étonnement qu'il sut prendre, on eût juré que le prince apprenait une chose à laquelle il était loin de s'attendre. Il regarda Marguerite avec une hardiesse qui ne lui déplut pas.

— Ma pauvre patrie, dit-il, serait-elle donc assez heureuse pour avoir une reine jeune et belle?

— Vous êtes un flatteur, monsieur de Coarasse, fit Marguerite en souriant.

— Il est impossible de retenir sa langue, madame, quand elle est poussée par le cœur.

Et il regarda de nouveau la princesse. Une femme est toujours sensible à l'admiration qu'elle excite.

— Monsieur de Coarasse, dit-elle avec un petit ton boudeur, je voudrais bien avoir des renseignements sur la cour de Nérac.

— On s'y ennuie, madame.

— Bon! c'est comme au Louvre. Et le prince?

— Le prince Henri, j'ai peine à le dire, est un ours mal léché, madame

Marguerite tressaillit :

— J'ai donc deviné juste?

— Il passe sa vie à la chasse, en compagnie de gens de petit état, avec des muletiers et des bergers.

— Pouah! fit Marguerite.

— Il va au prêche, poursuivit Henri.

— Comment est-il vêtu, d'ordinaire?

— Comme un gentillâtre des montagnes, avec un pourpoint de drap cadis, des bottes de peau de vache...

— Ah! l'horreur! dit Marguerite.

— Son linge est fripé d'habitude, poursuivit Henri, sa barbe est inculte, il porte ses cheveux à la façon des huguenots puritains, rasés sur le crâne.

— A-t-il de l'esprit?

— Un esprit grossier, mordant...

— Lui a-t-on connu des intrigues, à Nérac ou à Pau?

— Peuh! fit Henri, des chambrières, des suivantes, la fille d'un gardeur de vaches.

— Cependant, dit Marguerite, j'ai ouï parler de la comtesse de Gramont...

— Ah! madame, répondit le prince, je connais cette histoire à fond et elle est plaisante.

— Dites-la moi...

— Volontiers.

Le rusé prince allait continuer, lorsque M⁰⁰ Catherine de Médicis entra dans le cabinet du roi.

— Ma mère! dit la princesse avec un mouvement d'effroi involontaire, remettons à plus tard l'histoire de la comtesse de Gramont... Laissez-moi... La reine est ombrageuse.

Et Marguerite se leva et alla au-devant de Catherine de Médicis. Mais, en route, elle se retourna et jeta un dernier regard au jeune prince. Ce regard le fit tressaillir.

— Ventre-saint-gris, murmura-t-il, aurais-je donc touché le cœur de madame Marguerite et travaillé à mon détriment? Ce serait plaisant, un prétendu trompé par lui-même.

Tandis que la princesse s'éloignait, Noë, qui avait longuement devisé avec plusieurs gentilshommes qu'il ne connaissait pas, mais qui, l'ayant vu au jeu du roi, lui avaient fait bonne mine, Noë rejoignit Henri de Navarre.

— Eh bien? demanda-t-il.

— J'ai fait à la princesse le portrait de son futur époux.

— Bah! dit Noë.

-- Et je le lui ai dépeint d'une façon peu avenante. Elle était déjà bien marrie de l'épouser ; mais, à cette heure, elle est inconsolable et livrée au plus violent désespoir.

— Quelle plaisanterie me faites-vous donc là, Henri?

— Je ne plaisante pas.

Et le prince raconta son entretien avec Marguerite.

— Mais c'est une folie dangereuse que vous avez faite!

— Tu crois?

— Parbleu! la princesse, qui se souciait médiocrement de vous déjà, mettra tout en œuvre...

— Pour ne pas m'épouser?

— Justement.

— Ah! c'est que, dit le prince, je me suis mis en tête une drôle d'idée

— Et... cette idée, quelle est-elle ?

— De tromper le prince de Navarre par avance.

— Énigme! dit Noë ; je ne comprends pas.

— Le prince de Navarre est à Nérac; le sire de Coarasse est à Paris. Le sire de Coarasse, qui a bonne tournure et qui a beaucoup plu à la princesse, arrive dans un bon moment. Le duc de Guise est parti, la princesse cherche des distractions. Le prince de Coarasse fait sa cour à madame Marguerite, et, pour lui être agréable, il médit de cet époux futur qu'elle a en si grande exécration.

— Le plan de conduite est bizarre.

— Mais il réussira.

— Alors, dit Noë, Votre Altesse veut se faire aimer de la princesse?

— Sans doute.

— Mais... Sarah?

— Ah diable! murmura Henri, je n'y pensais plus.

— Cependant...

— Oh! sois tranquille, ami Noë, répliqua le prince en riant, le fils de mon père est homme à mener de front deux intrigues.

— A présent, pourrait-on savoir, Henri, ce que vous a dit René?

— Non, plus tard.

Henri regarda le sablier.

— Viens, dit-il, je crois qu'il est quatre heures du matin... Si nous allions nous coucher?

— C'est assez mon avis.

— Nous allons nous glisser dans la foule et disparaître.

Et comme les deux jeunes gens mettaient leur projet à exécution, ils se trouvèrent de nouveau face à face avec René. Le Florentin souriait d'un air aimable.

— Est-ce que, lui demanda Henri, vous voulez encore me donner votre main à étudier?

— Peut-être, dit René.

— Que voulez-vous savoir?

— Combien de temps j'ai encore à vivre, en admettant que je me débarrasse de vous, dit le Florentin avec assurance... Voilà ma main.

Henri se prit à l'examiner avec un calme majestueux :

— Vous mourrez huit jours après moi, dit-il.

— Quoi qu'il arrive?

:— Attendez donc, fit le prince, voici une ligne que je n'avais pas remarquée et qui débrouille pour moi le reste de l'énigme.

— Ah! dit René. Voyons.

— Il est écrit au livre de l'avenir, reprit gravement Henri de Navarre, que je dois mourir huit jours avant vous. C'est là l'influence que j'exerce à votre endroit. J'ai vingt ans, je suis bien constitué; si je ne fais pas d'imprudence, vous pouvez vivre vieux. Bonsoir.

Et le prince laissa René tout pensif et s'esquiva. C'était déjà la mode, à cette époque, de quitter le bal sans dire adieu. Cependant, à la porte, ils trouvèrent le page Raoul.

— Bonsoir, mon mignon, lui dit le prince.

Raoul salua, mais il ne s'effaça point pour laisser passer le prince de Navarre.

— Nous allons nous coucher, dit Noë, bonsoir, monsieur Raoul.

— Pardon! dit le page, j'ai une commission pour M. de Coarasse.

— Pour moi? fit Henri étonné.

— Pour vous.

— Mam'zelle Nancy désire vous voir, monsieur.

— Qu'est-ce que mam'zelle Nancy?

— Une bien jolie fille, dit le page, qui poussa un gros soupir... C'est la camérière de Mⁿᵉ Marguerite.

Le prince tressaillit. Puis il se retourna, et, du regard, il chercha la princesse dans les salons qui se trouvaient disposés en enfilade. La princesse avait disparu.

— Eh bien! fit-il en se retournant vers Raoul, où est-elle donc, mam'zelle Nancy?

— Venez avec moi, dit le page.

— Allons!

Et le prince et Noë suivirent Raoul qui, au lieu de descendre le grand escalier, prit un corridor à gauche, fit une trentaine de pas en avant et s'arrêta.

Nancy attendait là, bien encapuchonnée dans sa mante. Elle jeta un coup d'œil investigateur sur le prince et l'embrassa des pieds à la tête.

— Vous êtes monsieur de Coarasse? dit-elle en venant à lui.

— Peste! la jolie fille! murmura Henri assez haut pour être entendu de la camérière.

— Monsieur, répondit Nancy, on sait ce qu'on est et ce qu'on vaut, et on ne cherche pas de compliments. Êtes-vous monsieur de Coarasse?

— Oui, ma belle enfant.

— Eh bien! venez par ici. J'ai un mot à vous dire.

Nancy allongea sa petite main blanche garnie d'ongles roses et prit le bras de Henri, qu'elle entraîna à l'écart.

— Je vous écoute, ma belle petite, dit le jeune prince.

— Monsieur, dit Nancy, Mme Marguerite m'a chargée de vous rappeler que vous lui devez l'histoire de la comtesse de Gramont et du prince de Navarre.

— Je suis prêt à la narrer, ma belle amie, répondit le prince. Seulement, où dois-je rejoindre Son Altesse?

Nancy eut un frais éclat de rire :

— Ah! dit-elle, vous êtes trop pressé, mon beau gentilhomme. Pas aujourd'hui... demain.

— Où cela?

— Vers neuf heures du soir promenez-vous au bord de l'eau et attendez, dit Nancy. Bonsoir, monsieur de Coarasse, bonne nuit...

Et Nancy disparut dans l'ombre du corridor.

Raoul et Noë étaient demeurés à distance, Raoul vint à Henri :

— Monsieur de Coarasse, dit-il d'une voix émue, j'ai encore quelque chose à vous dire.

— Bah! et de quelle part, mon mignon?

— De la mienne.

La voix de Raoul tremblait légèrement.

— Eh bien, fit le prince, prenez mon bras, ami Raoul, et venez me conduire un bout de chemin.

— Je le veux bien, monsieur.

Henri et Raoul se tenant par le bras, et Noë marchant derrière eux, descendirent le grand escalier, traversèrent la cour du Louvre et sortirent par la poterne du bord de l'eau.

— Monsieur de Coarasse, dit alors Raoul, vous trouvez Nancy jolie?

— Charmante!

— Ah!

— Tudieu! mon ami, vous soupirez?

Raoul soupira de nouveau.

— Ventre-saint-gris! murmura le prince, je devine ce que vous voulez me dire. Vous aimez Nancy...

Raoul eut un troisième soupir.

— Et comme je la trouvais jolie et qu'elle voulait me parler...

— Je suis jaloux, dit franchement Raoul.

— Ne le soyez pas. Du moment où vous l'aimez...

— Oh! oui, fit l'enfant dont le cœur était bien gros.

— Moi, dit le prince, je ne l'aimerai pas.

Raoul lui prit vivement les deux mains et les serra.

— Merci! monsieur, dit-il.

— Voyons, fit Henri, causons...

— Soit ! répondit le page.

— Vous aime-t-elle ?

— Je ne sais pas.

— On sait toujours cela...

— Il est des jours où je le crois... il en est d'autres où... je désespère.

— Je l'ai vue trois minutes, mon mignon, mais je suis fixé.

— Sur elle ?

— Parbleu ! oui. Nancy est coquette, elle est moqueuse, mais elle doit avoir un cœur d'or...

— Et... vous... croyez ?

— Tenez, Raoul, mon mignon, vous êtes un charmant enfant, mais vous ne connaissez pas les femmes. Avez-vous confiance en moi ?

— Oui, certes.

— Eh bien ! je vous servirai et, avant deux jours, je vous dirai si Nancy vous aime ou si elle ne vous aime pas...

— Vous me le promettez ?

— Je vous le promets. Bonsoir, Raoul.

— Bonsoir, monsieur de Coarasse.

Henri serra la main au page, qui s'en retourna, et il prit le bras de son ami Noë.

Le prince et son compagnon passaient devant les bicoques qui environnaient le Louvre, lorsqu'ils virent une porte ouverte, de la lumière au dedans et, sur le seuil, un homme en manches de chemise, qui balayait sa devanture.

— Tiens ! dit le prince, c'est notre compatriote Malican qui ouvre son cabaret à l'heure où nous allons nous coucher. Bonsoir, Malican.

Le Béarnais le reconnut et poussa une exclamation de joie.

— Ah ! monseigneur, dit-il, c'est le ciel qui vous envoie !...

— Bah ! fit le prince.

— Entrez, monseigneur, dit Malican, il faut que je vous parle.

— Que veux-tu donc me dire ?

— Venez... venez...

Malican fit entrer les deux jeunes gens dans le cabaret, qui était encore vide à cette heure matinale, puis il ferma la porte.

— Monseigneur, dit-il tout bas à Henri, ne vous ai-je point parlé du duc de Guise tantôt ?

— Hein ! fit Henri dressant l'oreille. Est-ce que tu as de ses nouvelles ?

— Oui, monseigneur.

Henri fit la grimace.

— Et comment cela ?

— Un de ses gentilshommes est ici.

— Et qu'y vient-il faire ?

— Il est arrivé à la nuit, il m'a demandé une chambre et m'a dit : « Tu vas me cacher, car on me connaît au Louvre : mais tu trouveras bien le moyen de faire passer cette nuit ou demain au matin un billet à M¹¹ᵉ Nancy, la camérière de la princesse Marguerite. » Et il m'a remis un billet.

— Qu'en as-tu fait?

— Le voici.

Malican tira un billet de sa poche et le remit au prince.

— Diable! fit Henri en le flairant.

Puis il se tourna vers Noë:

— Qu'en penses-tu? demanda-t-il. Si on le décachetait?...

— C'est mon avis.

— Pourquoi?

— Parce que, dit tout bas Noë, puisque Mᵐᵉ Marguerite doit être la femme de Votre Altesse, Votre Altesse a le droit de savoir ce qu'on lui écrit.

— Tu as raison, répondit le prince.

Et, sans plus de scrupule, il décacheta le billet.

XV

La lettre que le gentilhomme de M. de Guise apportait était sans signature et d'une écriture évidemment contrefaite.

Elle ne contenait que trois lignes que voici:

« Le *pays* de mademoiselle Nancy lui fait savoir qu'il pense toujours à elle et qu'il l'ira voir au premier jour. »

Henri lut et relut cette lettre, et se dit en la tournant en tous sens

— Il y a un côté mystérieux que je ne puis saisir.

C'était auprès d'une chandelle placée sur la table que le prince avait lu cette lettre.

Comme il continuait à l'examiner, le hasard voulut que le papier se trouvât placé entre la chandelle et ses yeux, de telle façon qu'il fit le transparent.

Et alors Henri crut remarquer que par places le grain du papier était moins blanc, et il vit comme des caractères effacés.

On eût dit qu'on avait écrit dessus avec une plume trempée dans de l'eau.

— Oh! oh! fit Noë qui regardait pareillement au travers, qu'est-ce donc cela?

Et il s'approcha du foyer où deux tisons couvaient sous la cendre. Il les découvrit et dit à Malican:

— Mets-moi un fagot là-dessus.

Le cabaretier obéit.

Noë prit la lettre aux mains du prince et l'approcha du feu.

— Que fais-tu? s'écria Henri qui ne comprenait point encore.

— Je vérifie mes soupçons. Soyez tranquille, je ne la brûlerai pas.

Il exposa la lettre à trois pouces du fagot qui flambait, et moins d'une minute après les caractères effacés noircirent et apparurent nets et lisibles, tandis que les trois lignes primitives disparaissaient.

— Ventre-saint-gris! ceci est bizarre, dit le prince ébahi.

— Cela prouve, répondit Noë, que M. le duc de Guise connaît la vertu de l'encre sympathique. Tenez, Henri, mettez-vous là et lisez..

Henri reprit le papier des mains de Noë et lut:

« Chère âme,

« Vous avez exigé mon départ; je suis parti. Mais l'absence me paraît impossible plus longtemps: je souffre mille morts... Un mot de vous, et je reviendrai secrètement à Paris.

« Ce mot, je vous le demande à genoux. Je l'attends et je l'espère.

« Votre HENRI. »

— Hé! dit le prince, M. de Guise s'appelant Henri comme moi, Mme Marguerite s'apercevra moins du changement. Moi aussi je m'appelle Henri.

Puis, au lieu de brûler la lettre, il la plia et la mit dans sa poche.

Ensuite il se tourna vers Malican:

— Ainsi le gentilhomme lorrain t'a confié cette lettre?

— Oui, monseigneur.

— Et tu devais la faire parvenir à mam'zelle Nancy?

— Cela m'est assez facile, parce que, répondit Malican, ma nièce s'en va quelquefois porter du vin au poste des Suisses, et il lui arrive d'y rencontrer un page qui est au mieux avec mam'zelle Nancy.

— Comment se nomme-t-il?

— Raoul.

— Je le connais.

— Maintenant que dirai-je au Lorrain quand il s'éveillera?

— Tu n'attendras point qu'il s'éveille.

— Ah!

— Tu vas aller l'éveiller. Il est quatre heures du matin.. Un soudard n'a pas besoin de dormir la grasse matinée.

— Très bien. J'y cours.

— Attends donc. Le Lorrain éveillé, tu lui diras: « Vite! habillez-vous, mon gentilhomme. Je vais seller votre cheval, et vous allez quitter Paris avant le jour. » Le Lorrain se montrera fort étonné. Tu ajouteras: « Le billet est parvenu à son adresse, et la réponse est revenue du Louvre. Vous direz au *pays* de mam'zelle Nancy qu'on l'attend dans dix jours, pas avant.. Il y va de la vie de quelqu'un et on vous prie de partir sur-le-champ. »

Malican ne demanda pas d'autre explication. Il enfila l'escalier et s'en alla frapper à la porte du gentilhomme.

Dix minutes après il redescendit:

— C'est fait, dit-il, notre homme se lève. Il n'a pas mis en doute la véracité de la réponse, et m'a recommandé de donner une bonne avoine à son cheval.

...Il mit le pied sur le premier échelon, et monta bravement. (P. 119.)

— Au revoir, Malican, dit le prince en serrant la main du Béarnais, merci !

Et il s'en alla, suivi de Noë.

Il était grand jour quand les deux jeunes gens arrivèrent rue Saint-Jacques.

Un homme était assis sur un banc placé à la porte de l'hôtellerie. Cet homme, en reconnaissant Henri, se leva.

Le prince fut fort étonné à la vue de ce personnage, qui lui apparaissait pour la troisième fois depuis moins de vingt-quatre heures. C'était Guillaume Verconsin, le commis de l'argentier Loriot, le même qui avait apporté, la veille au soir, la lettre de la belle Sarah.

— Que faites-vous donc ici, maître Guillaume ?

— Je vous attendais, monsieur.

— Depuis hier au soir ?

— Oh ! non, depuis une heure.

— Est-ce que vous avez encore une lettre à me remettre ?

— Non, monsieur ; mais je viens vous prier de me suivre.

— Et où cela, mon ami ?

— Je ne puis vous le dire, mon gentilhomme. .

— Oh ! par exemple, fit le prince en riant, ceci devient par trop mystérieux.

Il regarda Guillaume, mais le commis ne parut point disposé à répondre.

Puis il regarda Noë. Noë souriait.

— Qu'en penses-tu ? demanda le prince.

— Je pense que, si j'étais à votre place, Henri, je suivrais ce garçon, fût-ce au bout du monde.

— Et c'est ce que je vais faire, répondit Henri de Navarre.

Puis, serrant la main de Noë :

— Attends-moi, lui dit-il, je ne tarderai probablement pas à revenir.

Et le prince ajouta :

— Allons, maître Guillaume, en route ! je vous suis.

— Venez, messire, dit le commis.

Noë les regarda s'éloigner, puis, lorsqu'ils eurent tourné le coin de la rue Saint-Jacques, il entra dans l'hôtellerie, prit sa clef qui pendait à un clou dans la cuisine, gagna la chambre qu'il habitait en commun avec le prince, se jeta sur son lit et s'endormit.

Il s'éveilla à midi. Le prince n'était point revenu.

— Parole d'honneur ! se dit Noë, ceci est au moins singulier ! Que Son Altesse soit heureuse auprès de la belle Sarah, rien de plus naturel, mais qu'elle le soit au point d'oublier le temps et de me laisser seul et livré aux conjectures les plus bizarres, c'est un peu fort !...

En effet, Henri avait quitté la rue Saint-Jacques à la pointe du jour, avant le lever du soleil, et déjà les brumes du soir enveloppaient Paris...

Noë éprouvait à l'endroit du prince la même inquiétude que le prince avait éprouvée à son endroit la veille au soir.

Henri s'était dit en ne le voyant point revenir :

— Je crains que ce bandit de René ne l'ait trouvé chez sa fille et ne l'ait occis.

Noë ne put s'empêcher de faire cette réflexion :

— Ce jaloux de Samuel Loriot l'aura surpris aux pieds de sa femme, et... d'un coup d'arquebuse.

Cependant, en y réfléchissant, la supposition de Noë pouvait être taxée de témérité.

De deux choses l'une : ou Sarah se conformait aux perfides injonctions de la jalouse Corisandre de Gramont, ce qui était assez admissible, vu la promptitude avec laquelle les vœux galants du prince semblaient être exaucés ; ou bien elle obéissait à une sympathie réellement invincible et aimait déjà le prince.

Ce deuxième cas, que l'esprit sceptique de Noë repoussait avec énergie, était le seul qui pût lui faire redouter un danger de la part du mari pour Henri de Navarre.

Dans le premier, au contraire, et s'il était vrai que l'argentier fût tout dévoué à Corisandre, Sarah n'avait rien à craindre de lui.

Noë pesait sagement ces bonnes raisons, accoudé à sa fenêtre et dominant du regard les toits enfumés du vieux Paris.

Un léger grattement qui se fit entendre à la porte l'arracha à sa rêverie.

Un homme entra. C'était Guillaume Verconsin, le commis de boutique de Loriot.

Guillaume avait ce visage honnête et niais que nous lui connaissons, et sa physionomie tranquille rassura sur-le-champ Amaury de Noë.

— Ah ! lui dit-il, tu m'apportes des nouvelles du gentilhomme, mon ami ?

— Oui, messire.

— Où est-il ?

Guillaume, au lieu de répondre, tira un petit billet de sa poche et le remit à Noë.

Noë l'ouvrit et le lut :

« Ne t'inquiète point, cher ami, je suis prisonnier jusqu'à la nuit bien close, et, comme j'ai affaire au Louvre, tu le sais, je ne puis te prédire à quelle heure nous nous reverrons. Tu peux donc, toi aussi, t'occuper de tes affaires. Au revoir...

« HENRI. »

— Prisonnier ! murmura Noë en regardant Guillaume.

Guillaume fit de la tête un signe affirmatif.

— Pourrais-tu m'expliquer comment ?

Le commis parut embarrassé.

— Ne crains rien, lui dit Noë, mon ami et moi nous n'avons pas de secrets.

Et du geste il invita Guillaume à s'asseoir.

— Mon gentilhomme, dit alors celui-ci, mon père était fauconnier chez le seigneur d'Andouins.

— Ah !

— Vous savez, le père de Mme la comtesse de Gramont.

— Bon ! pensa Noë, Henri est dans les filets de Corisandre jusqu'au cou. Puis tout haut :

— Ce qui fait, veux-tu dire, que tu es tout à fait dévoué à ta maîtresse, qui est l'amie de Mme de Gramont.

— Oui, monsieur.

— Eh bien ?

— Ce que Mme Loriot veut, je le veux. Si elle me faisait un signe, je me jetterais du pont Saint-Michel dans la Seine.

— Brrr ! fit Noë, qui frissonna au souvenir de son bain de la veille, garde-t-en ! l'eau est froide...

— C'est une manière de dire, répliqua Guillaume.

— Après ?

— Mme Sarah, poursuivit le commis, est bien malheureuse.

— Bah !

— M. Loriot est jaloux de son ombre. Le père Job, un vieux juif comme lui, veille sur madame comme un dragon sur un trésor. Elle ne sort jamais... ou, si elle sort, c'est Job qui l'accompagne.

— Cependant... pour voir mon ami...

— Attendez, monsieur. Vous allez voir. La maison de la rue aux Ours a deux issues. La première...

— Bon ! la première est rue aux Ours. Et la seconde?...

— Rue Saint-Denis. Cette seconde issue est une cave ou plutôt une succession de caves qui passent sous les maisons voisines. Toutes ces maisons sont à maître Samuel Loriot.

— Il est donc bien riche ?

— Il est plus riche que le roi. Mais ce n'est pas de ses richesses que je vous veux parler : c'est de la deuxième issue.

— Voyons ! fit Noë.

— Ce passage souterrain conduit jusqu'à la boutique d'un marchand drapier, rue Saint-Denis. Si M. Loriot passe pour riche, on dit dans le quartier que le drapier ne l'est pas. Bien au contraire, il a toutes les peines du monde à nouer les deux bouts, et l'an dernier les fournisseurs ont été obligés de lui accorder du temps pour payer. Cependant, ajouta Guillaume, tout cela n'est pas vrai, car le marchand drapier n'est qu'un homme de paille de maître Loriot.

— Bah ! fit Noë étonné.

— De temps en temps, continua le commis, le drapier reçoit des ballots de laine et des pièces de drap. On empile le tout dans la boutique et, lorsque le soir est venu, maître Loriot fait descendre les ballots dans sa cave. Alors on les éventre et on en retire des sacoches de cuir pleines d'écus et des coffrets remplis de diamants qui ne sont point encore taillés. C'est par la boutique du drapier, que les escarpes ne songeront jamais à dévaliser, que les vraies richesses de maître Loriot entrent et sortent.

— Hé ! hô ! dit Amaury de Noë, ceci est assez ingénieux. Cependant la maison de l'argentier est garnie de solides barres de fer...

L'honnête figure de Guillaume Verconsin s'épanouit en un large sourire.

— Ah ! dit-il, ceci est une belle *frime*. Le soir venu, les ouvriers partis, maître Loriot n'a pas deux mille écus dans cette maison si bien verrouillée et cadenassée.

— A quoi bon alors toutes ces précautions? demanda Noë.

— D'abord c'est un leurre pour les voleurs.

— Bien !

— Ensuite, les verrous sont destinés à garder Mme Sarah.

— Peste ! quelle jalousie !...

— Ah ! dame ! murmura Guillaume, quand on est vieux et laid comme maître Loriot...

— Et qu'on a une femme jeune et jolie comme Mme Sarah...

— Justement, mon gentilhomme... on ne saurait prendre trop de précautions.

— Mais, dit Noë, Mme Sarah doit être peu flattée...

— Elle n'en sait rien, ou plutôt elle feint de ne rien savoir ; et, en effet, sans moi...

— Ah ! fit Noë en riant, tu es dans la confidence de ton maître ?

— Oui, monsieur, Job et moi ; c'est nous qui, chaque soir, quand madame est couchée, descendons les bijoux, les diamants et toutes les matières d'or et d'argent dans les caves, par une issue secrète, et si bien masquée, que jamais les voleurs ne la soupçonneront.

— Et tu le trahis ? ajouta Noë.

— Oh ! dit Guillaume, malheur à celui qui toucherait aux trésors de mon maître, il passerait sur mon cadavre auparavant ; mais pour ce qui concerne Mme Sarah, ce qu'elle veut, je le veux.

— Tout cela, interrompit Noë, ne me dit point comment mon ami est prisonnier...

— Ah ! voici. Le drapier ne couche point dans la boutique, et il vient en ouvrir les volets à sept heures du matin en hiver, à six en été. J'ai donc introduit votre ami par la boutique, ce matin, avant l'arrivée du drapier.

— Et tu attends qu'il l'ait fermée et soit sorti... pour rendre la liberté à mon ami, n'est-ce pas ?

— Oui, monsieur.

— Je commence à comprendre. Mais... où est-il, mon ami ?

— Dans la chambre de Loriot.

— Peste ! Et si le mari l'y trouvait ?

— Oh ! dit Guillaume, il n'y a pas de danger, monsieur...

— Pourquoi ?

Guillaume se gratta l'oreille.

— Parce que, dit-il... votre ami vous l'expliquera... moi, je n'en sais rien...

Et Guillaume se leva et ne voulut point en dire davantage.

— Ceci, pensa Noë, est par trop mystérieux, mais Henri me le dira... Attendons.

Guillaume salua profondément et sortit sans vouloir en dire davantage.

— Hum ! se dit Noë après son départ, tous ces petits détails sur l'intérieur des époux Loriot me semblent devoir écarter de moi la pensée que le mari s'entend avec la femme pour duper mon ami le prince de Navarre et servir les projets ténébreux de Mme Corisandre... Nous verrons bien !

Huit heures sonnaient à l'église Sainte-Geneviève.

— Oh! oh! pensa Noë, puisque me voilà rassuré sur le sort de Henri, songeons un peu à nos propres affaires. Paola m'attend ce soir, il ne faut point l'oublier.

Tout en rêvant à Paola, Noë songea qu'il avait mal déjeuné et que, du moment où Henri ne lui occasionnait plus aucune inquiétude, il devait se rattraper en soupant de bon appétit.

Noë était un garçon sage et plein de sens, qui savait bien que les poètes seuls, — une race de fous! — avaient pu inventer cette balourdise : *que les amoureux ne mangent pas.*

Noë descendit dans la grande salle commune de l'hôtellerie, où maître Lestacade dépeçait gravement un quartier de bœuf rôti. Il se mit à table vis-à-vis d'un moine genovéfain et à côté d'un gentillâtre bourguignon.

Le Bourguignon trouva qu'il mangeait comme un Franc-Comtois, et le genovéfain, qui buvait mieux qu'un lansquenet, ne put s'empêcher de lui témoigner son admiration pour la manière dont il levait le coude.

Ainsi lesté et pourvu de la bonne humeur qui résulte d'un estomac satisfait, Noë prit son manteau, son feutre et son épée, quitta l'hôtellerie, descendit la rue Saint-Jacques et gagna le pont Saint-Michel.

La nuit était si noire qu'on n'y voyait goutte à trois pas. Notre gentilhomme en profita pour passer sur le pont, raser la boutique de René le Florentin et jeter un rapide coup d'œil à l'intérieur.

Paola n'était point dans la boutique, René non plus. Mais Noë aperçut Godolphin qui préparait un lit et le posait en travers de la porte encore entr'ouverte.

— Bon! fit le jeune homme en souriant dans sa barbe naissante, le dragon est à son poste; mais la caverne où gît le trésor a deux issues, et il faudrait deux dragons!

Noë gagna la rive droite de la rivière et la descendit jusqu'à ce qu'il pût apercevoir la façade de ces constructions singulières élevées sur le pont Saint-Michel : constructions dont le rez-de-chaussée était une boutique et l'unique étage supérieur un logement.

Celle que le Florentin occupait était la troisième à gauche en entrant par la Cité, et elle reposait verticalement au-dessus de la seconde pile. Noë descendit une centaine de pas dans le but unique de voir si la fenêtre de Paola était éclairée. En effet, une lumière y brillait comme une étoile dans le ciel noir.

— Elle m'attend! pensa le jeune homme, qui eut un léger battement de cœur.

Et il rebroussa chemin sur-le-champ, passa de nouveau devant le pont; mais, au lieu de le traverser, il remonta la berge jusqu'à la hauteur de la rue Saint-Paul.

En cet endroit, il y avait bon nombre de petits bateaux plats qui se balançaient sur leurs amarres.

Dans l'un d'eux un marinier, étendu de tout son long, dormait fort paisiblement.

Noë mit le pied dans la barque et éveilla le marinier.

— Qui est là et que me veut-on? demanda celui-ci, qui bondit sur ses pieds.

— Chut! dit Noë en posant un doigt sur ses lèvres. Je ne suis pas un escarpe, je suis un gentilhommme.

Malgré l'obscurité, le marinier aperçut l'épée de Noë et ne douta plus de sa qualité.

— Que veut Votre Seigneurie? fit-il.

— Louer ton bateau.

— A cette heure?

— Oui.

— Où dois-je vous conduire?

— Nulle part. Je n'ai pas besoin de toi. Voici deux pistoles. Demain, au point du jour, tu trouveras ton bateau amarré au bac de Nesle.

Ce disant, Noë prit les avirons et s'assit en homme qui sait manœuvrer une embarcation.

— Coupe l'amarre et va-t'en, dit-il.

Le marinier prit les deux pistoles, salua jusqu'à terre et sauta de la barque sur la grève; puis il détacha le bateau.

Noë donna un vigoureux coup d'aviron et poussa au large. La barque arriva au milieu du courant et glissa comme une flèche, habilement conduite, du reste, par le compagnon du prince de Navarre. En dix minutes elle eut atteint le pont Saint-Michel. Or le pont Saint-Michel n'était point alors, comme on aurait pu le croire, bâti en pierres. Il reposait sur pilotis, et ses arches étaient formées par de larges poutres profondément enfoncées dans l'eau et séparées les unes des autres par un intervalle d'environ un pied de largeur. Noë qui, le matin précédent, avait, en revenant du Louvre, examiné fort attentivement sa construction, n'avait point oublié ce détail. Aussi, quand il eut atteint la deuxième arche, celle qui supportait la boutique du Florentin, releva-t-il tout à coup l'un de ses avirons, et, par un mouvement aussi rapide que parfaitement calculé, le glissa-t-il entre deux des poutres qui formaient les assises du pont.

Cette manœuvre arrêta net l'embarcation, que le courant entraînait avec vitesse. Alors, d'une main, Noë s'accrocha à la poutre et de l'autre il l'entoura de la corde qui servait d'amarre au bateau et la noua solidement.

Cette opération terminée, le jeune homme chercha dans les ténèbres, que la réverbération de l'eau rendait moins épaisses, cette autre corde qui devait pendre de la croisée de Paola. La corde pendait en effet.

Noë la secoua légèrement pour avertir de sa présence.

Puis il tira de sa poche une jolie échelle de soie qu'il déroula et dont il noua l'extrémité à celle de la corde.

Aussitôt la corde remonta, et avec elle l'échelle dont l'extrémité inférieure demeura dans les mains de notre héros. Noë attendit quelques minutes; puis, tirant l'échelle à lui pour s'assurer qu'elle était bien solidement fixée à la croisée de Paola, il mit le pied sur le premier échelon et monta bravement.

Revenons à Henri de Navarre que nous avons laissé suivant Guillaume Verconsin, le commis de maître Samuel Loriot, l'argentier.

Ce fut donc rue Saint-Denis que Guillaume, ainsi qu'il le devait apprendre quelques heures plus tard à Noë, conduisait le jeune prince.

— Ah ça! se disait ce dernier durant le trajet, car Guillaume ne desserrait pas les dents, est-ce qu'il va me conduire rue aux Ours?

Mais, au lieu d'entrer dans la rue aux Ours, Guillaume s'arrêta devant la boutique encore fermée du marchand drapier, introduisit la clef dans la serrure, non sans avoir tout d'abord jeté un furtif regard autour de lui pour s'assurer que la rue était déserte, puis il ouvrit, poussa le prince dans la boutique, dont il se hâta de repousser la porte sur eux.

— Où diable me conduis-tu, l'ami? demanda le prince.

— Chut! venez...

Il ne régnait dans ce local qu'une demi-obscurité qui permit au prince de jeter un regard investigateur autour de lui. Il se trouvait au milieu de pièces de drap, de ballots de laine, de morceaux de lisière et d'énormes bobines de fil ou de soie.

La boutique paraissait composée d'une seule pièce assez vaste, mais sans aucunes dépendances.

Cependant Guillaume Verconsin se dirigea vers l'un des angles de la boutique où se trouvaient entassés trois ballots de laine; il en souleva un, et le prince aperçut une trappe dont la porte était levée.

Le commis battit le briquet et alluma un rat-de-cave, prit le prince par la main et lui répéta :

— Suivez-moi !

— Dieu me damne ! murmura Henri de Navarre, mais c'est dans une cave que la belle argentière me donne rendez-vous.

En effet, sur les pas de Guillaume, le prince descendit une trentaine de marches et se trouva dans un caveau ménagé en long boyau.

— Ici, dit le commis, nous sommes de plain pied. Prenez ma main et laissez-vous conduire.

Et comme s'il eût craint que la clarté du rat-de-cave ne lui attirât un danger quelconque, il l'éteignit sur-le-champ.

Le prince se trouva dans une obscurité profonde; mais, guidé par Guillaume, il continua d'avancer. Il marchait, du reste, sur une surface plane, légèrement humide et boueuse, mais sur laquelle le pied se pouvait poser sûrement.

Le mystérieux voyage à travers les ténèbres dura environ dix minutes. Pendant ce temps, Guillaume ne prononça point un seul mot, et le prince ne songea pas davantage à l'interroger. Les ténèbres ont le privilège de rendre silencieux.

Tout à coup le commis s'arrêta :

— Mon gentilhomme, dit-il, vous avez derrière vous une grosse pierre : asseyez-vous dessus et attendez-moi...

Et sans donner à Henri le temps de répliquer, Guillaume lui lâcha la main et au bruit de ses pas Henri comprit qu'il s'éloignait.

LA JEUNESSE DU ROI HENRI

PAR

PONSON DU TERRAIL

MAGNIFIQUES ILLUSTRATIONS INÉDITES

Quel type admirable et charmant que Henri IV, ce vaillant guerrier menant de front

L'AMOUR ET LA GUERRE

PONSON DU TERRAIL, lui aussi enfant de la Gascogne, était seul capable de nous faire connaître les aventures, les hauts faits et surtout les folies amoureuses du plus joyeux, du plus spirituel, du plus populaire des rois ; nous pouvons ajouter du plus brave et du plus amoureux des Français, dont les exploits sont devenus légendaires.

Toutes les actions d'éclat du jeune et vaillant Béarnais et de ses joyeux compagnons d'armes et de plaisir sont racontées avec cet art, merveilleux et simple à la fois, dont **PONSON DU TERRAIL** a le secret.

Les mœurs quelque peu légères de cette époque et des reines Catherine de Médicis et Margot, les intrigues, les amours, les duels, les enlèvements, les empoisonnements qui se produisaient à la cour et parmi les courtisans, tout est rapporté fidèlement.

Ce **grand roman historique** est le chef-d'œuvre du genre ; on sent que l'auteur a bien étudié son sujet, que tout est vrai et vécu !

Les dessins sont dus à un jeune maître qui s'est fait une loi de nous donner tous les types et costumes d'une fidélité remarquable.

C'est donc une œuvre parfaite que nous offrons à nos lecteurs.

LES ÉDITEURS.

10 Centimes la livraison.

1re LIVRAISON GRATUITE PARTOUT

PAR EXCEPTION

Les 2e et 3e Livraisons ensemble, 10 Centimes. — Les 4e et 5e Livraisons ensemble, 10 Centimes.

EN VENTE PARTOUT

Jules ROUFF et Cie, éditeurs, 14, Cloître Saint-Honoré, PARIS

Nos lecteurs recevront gratuitement les titres et couvertures nécessaires pour la conservation de cet important ouvrage.

IMPRIMERIE DE SCEAUX.

www.ingramcontent.com/pod-product-compliance
Lightning Source LLC
Chambersburg PA
CBHW051739090426
42738CB00010B/2334